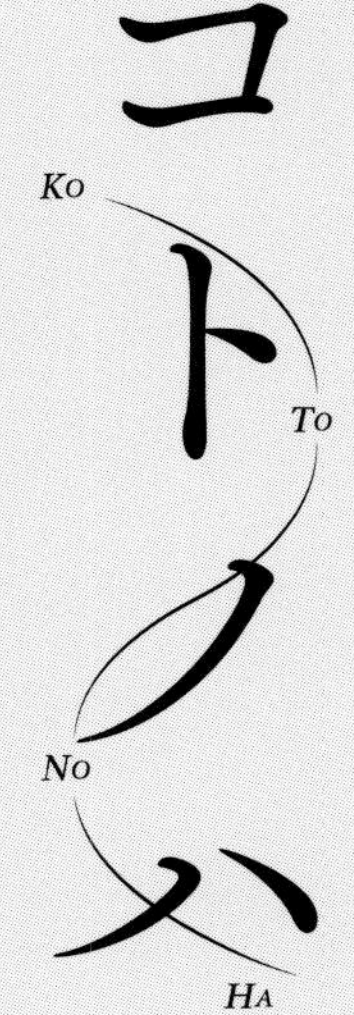

二人の想いをカタチにする
10のウェディングストーリー

株式会社アルカディア
代表取締役
大串 淳
OHGUSHI ATSUSHI

幻冬舎 MC

コトノハ

二人の想いをカタチにする
10のウェディングストーリー

プロローグ

やまと歌は人の心を種として
よろづの言の葉とぞなれりける

歌人・紀貫之は*古今和歌集の序文で和歌について、人々の心のなかに種として植えられ、それが育ち、詠まれることで「言の葉」となると謳いました。平安時代、和歌は人から人へ想いを伝える手段であり、それは現代で例えるならＳＮＳにも似た役割だったのかもしれません。実際このあと、紀貫之はこう続けます。世の中に生きている人は関わり合うことがたくさんあるので、心に思うことを見るものや聞くものに託し、言葉として表しているのだと。

枝に茂る葉がはらはらと舞い落ちるように、人は心のなかに浮かんでは消える想いや感情を言の葉に乗せて伝えます。そして言の葉は空を舞いながら、人から人へ心や気持ちをつなげていきます。時代がどれだけ移り変わろうとも、言葉がもつ「想いを伝える」という役割は変わることはないのです。

思えば結婚式も、大切な人に「想いを伝える」場だといえるのではないでしょうか。結婚式は、お二人がお世話になった方々に感謝を伝え、新たな家族となる決意を表明することで、ゲストから祝福を受け取るセレモニーです。「感謝」「決意」「祝福」はどれも、普段なら照れくさくて口に出せない想いかもしれません。その半面、人生の節目という特別な日になら、伝えられる言葉でもあるのです。

結婚式に懸ける想いは人それぞれです。コロナ禍で何度も延期になってもなお、どうしても結婚式を挙げたいというお二人、お母さまが余命2カ月と宣告され、急遽タキシードとウェディングドレスを用意したお二人、天国にいるお母さまに幸せになった姿を見せて安心させたいというお二人など、私たちは、それぞれの想いに寄り添って、「想いを伝える結婚式＝コトノハウェディング」を数多くプロデュースしてきました。

この本は、新たな門出を迎えるお二人のさまざまな想いをカタチにした〝コトノハウェディングの物語〟です。

これから自分たちらしい結婚式を挙げたいと思っているお二人だけでなく、結婚式を挙げようか迷っているカップルにも、読んでいただけたら幸いです。

＊『新版古今和歌集現代語訳付き』（角川ソフィア文庫）

（これは事実を基にしたストーリーですが、人名に関して一部仮名を使用しております）

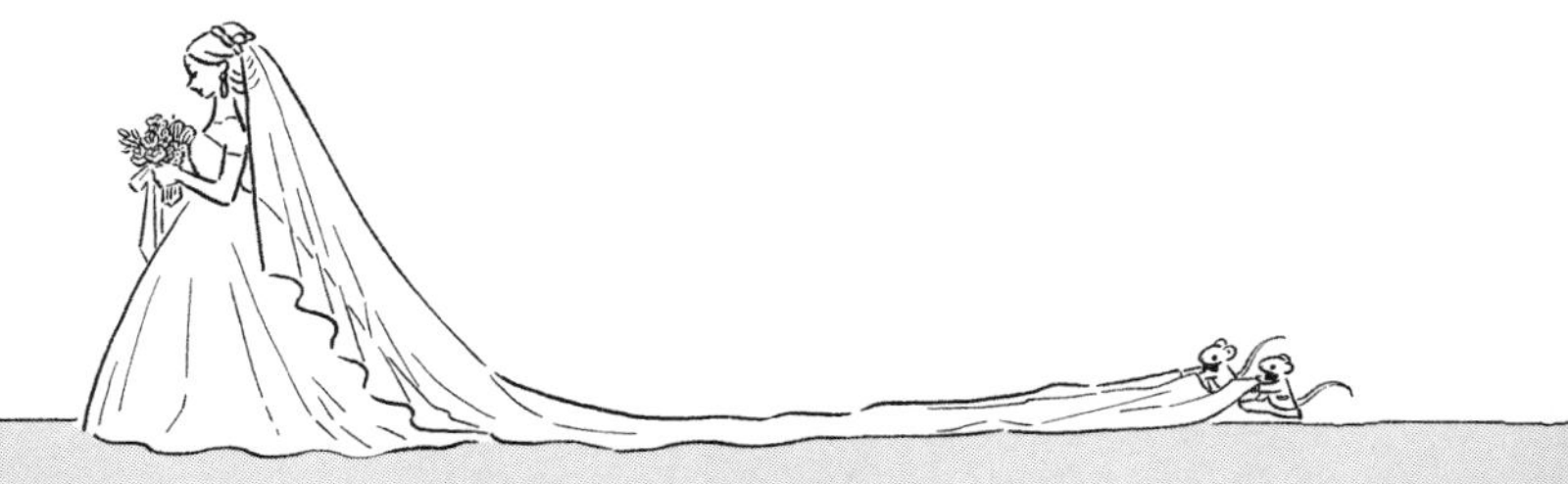

Story 1

闘病中の父へのメッセージ

ウェディングプランナー ≫ 松山華奈子

叶えたい願い

新型コロナウイルスの影響や社会情勢の変化により、どんどん新しい結婚式の様式が生まれる今もなお、兄弟合同でお父さまのために挙げた式のことは忘れられません。

タツヤさんとカオリさんはともに20代後半、そろって教育関係の仕事をされているカップルです。そんなお二人と、初めて打ち合わせをしたのは２０１４年5月でした。お二人の醸し出す雰囲気が心地よかったことを覚えています。「どんな結婚式にされたいですか?」「招待状のイメージはありますか?」と打ち合わせもスムーズに進んでいきました。そして終盤に差し掛かった頃、タツヤさんが言いづらそうに口を開いたのです。

「挙式だけ、早めに行うことってできないでしょうか……」

詳しく尋ねると、タツヤさんのお父さまが末期がんで体調が思わしくなく、挙式だけでも早めに行いたいとのことでした。

本来、結婚式の準備は5～6カ月前から進めます。しかし式場スタッフが総力を挙げて取り組めば1週間後でも式を挙げることは可能なのです。

「もちろん式だけ早めに挙げることも可能ですよ。そこはお二人がご家族と決められたことを私たちが全力でサポートさせていただきます。難しいかもしれないと思われることも、なんでもご相談くださいね」

私がそう答えると、お二人で顔を見合わせホッとした表情をされていました。そこからの展開は早く、ひと月先の6月に福岡県太宰府市にある「宝満宮 竈門神社」での挙式が決定しました。竈門神社は今ではすっかり『鬼滅の刃』の聖地としておなじみですが、福岡では古くから縁結びの神様としても有名な神社です。白無垢を着たいというカオリさんの希望もあり、竈門神社での家族婚に向け準備を進めていきました。

場所と衣裳が決まり、ヘアメイクスタイリストとカメラマンの手配も完了し、病院からお父さまの外出許可も出たと安心していたところに、タツヤさんから緊急の連絡が入りました。

「父の体調が急変しました。今月中に式を挙げたいんですが」

いつもなら穏やかに話すタツヤさんの口調に焦りや動揺がにじみ出ていました。

「本当に急なことでご迷惑を掛け申し訳ないです」

タツヤさんは何度も私に謝るのでした。そしてお父さまはもう病院から出ることが難しい病状であることや、できることなら自分たちが病院へ出向いて式を執り行いたいと思いつめた様子で話してくれました。

お二人のことがとても心配ではありましたが、ウェディングプランナーとして気持ちを切り替え、今後どのように挙式の準備を進めていくか冷静に検討しました。

当時の私はプランナーになって7年目に突入していましたが、病院での挙式は見たことも聞いたこともありません。私自身も動揺を抑えながら詳細を尋ねてみると、お父さまが入院しているのはキリスト教系医療機関のホスピスで、専任の牧師の先生がおられる礼拝堂があるとのことでした。そして、そこでひと月ほど前に弟さまが晴れ姿をお披露目されたそうなのです。お父さまの儚(はかな)い余命のなかで、タツヤさんは長男としてなんとしても式に列席してもらうことで、お父さまを安心させたいという強い想いがあるようです。タツヤさんの意志を感じた私は、お父さまへの想いの詰まった病院挙式をなんとしても成功させようと心のなかで自分を鼓舞しました。

父にささげるダブルウェディング

「難しいかもしれないと思われることも、なんでもご相談くださいね」

お二人にそう伝えたのは私自身でした。お客さまのご要望に対して極力「NO」と言わないことが私のプランナーとしての信条です。どんな局面でも全力を尽くせばできないことなどないと信じています。

「分かりました。少しだけお時間いただけますか?」

落ちついた口調でそう伝えるといったん電話をきり、急いでヘアメイクスタイリストやカメラマンに連絡を取りました。今すぐにでも式を挙げたいとお二人の事情を伝えると、驚きつつもすぐにスケジュールを調整してくれました。そして私たちスタッフが最短で動ける日をタツヤさんに伝えたのです。幸いなことに病院はどの日程でも都合をつけてくれて、式は1週間後の土曜日となりました。

電話口の向こうのタツヤさんの声から疲弊感が伝わってきました。つい通話の終わり際に「大丈夫ですか?」と声を掛けると、「ご迷惑お掛けしてすみません」と逆に気遣う言葉をいただきました。

今まで経験したことのない病院での挙式です。念のため、お二人の成約を担当したプロデューサーやマネジメントディレクター(MD)にも事情を報告すると、「お二人のためにできることはすべてやろう」と背中を押してくれました。私の判断にお墨付きをもらえたような気がして、これまで以上に覚悟が決まりました。

結婚式前日、「そういえば」と軽い口調でタツヤさんから衝撃的な情報を聞きました。実はタツヤさんは3人兄弟の長男だそうで、先にご結婚された弟さまのほかにもう一人弟さまがいて、急遽一緒に礼拝堂で結婚式をすることになったというのです。

――え、ちょっと待って。タツヤさんと三男のヒロヤさんの2組のカップルが同時に挙式をするということ？　ヒロヤさんカップルの衣裳とヘアメイクは？

聞いた瞬間、頭のなかにぐるぐるとプランナー的思考が錯綜しました。しかし、気づいたときには「ドレスはご用意できたのでしょうか？」という質問をしていました。一度きりの特別な日にドレスを欠かすことはできません。

タツヤさんの話では、ヒロヤさんカップルはこの1週間の間に日帰りで実家に戻り、ご近所のドレス店で衣裳合わせをしたそうです。ヘアメイクスタイリストはそのドレス店の提携するスタイリストに頼んだようだとも聞かせてくれました。今思えば、おそらくタツヤさんの私への気遣いだったのでしょう。「差し迫った事情とはいえ本当に申し訳ないです」と心苦しそうに何度も私に謝られていたこともあり、言い出せなかったのかもしれません。

ほどなく私が知ることになったのは、当初は兄弟3人そろってこの年に結婚式を予定されていたということです。お父さまが余命宣告を受けたことで全員が決意されたのでしょう。そして、タツヤさんが礼拝堂で挙式することを知り、もともと結婚式の予定があった関東在住のヒロヤさんも急遽列席者ではなく主役として参加表明をされたのだと思います。

こうして、病院内での挙式に加え、兄弟2人が一緒に結婚式を行うという過去に例のない挙式に立ち会うこととなったのです。これから始まることの大きさに私は気持ちを奮い立たせる一方、一つ気掛かりだったのはカオリさんのことです。

当初、お二人は竈門神社での挙式に合わせて、紋付袴と白無垢の衣裳を選んでいました。しかし、この急な展開に合わせて大急ぎでタキシードとウェディングドレスを用意しないといけません。打ち合わせと衣裳合わせを兼ねてお二人に来館いただきました。やつれたタツヤさんもとても心配でしたが、そのときのカオリさんの沈んだ表情も気になっていたのです。

白無垢姿で縁結びの神様の前での神前式は、カオリさんからのご要望でした。それだけにお義父さまの事情を受け入れながらも、小さな頃からの夢が叶わなくなったことに葛藤があるように感じたのです。理解はしていても、どこか心がついていかない様子です。

そもそも着る予定ではなかったウェディングドレスでしたが、優しい雰囲気のカオリさんはどれを試着してもよくお似合いでした。少しでも気持ちが上向いてくれればと思いましたが、この日の衣裳合わせで最後までカオリさんの表情が晴れることはありませんでした。

控室のワンチーム

いよいよ挙式当日、土曜日の朝を迎えました。私は普段以上に気合を入れ、ヘアメイクスタイリストとアシスタントを車に乗せて病院へと向かいました。ヘアメイクスタイリストはキャリアが長く、頼りがいのある女性です。車中でもう1組カップルが来ることを伝えると、「大丈夫、任せてください」と心強い一言が返ってきました。どっしりと構えるその姿に、私の心配はどこかへ飛んでいきました。

やはりホスピスという場所柄、「おめでとうございます！」という言葉は明らかに場違いな雰囲気です。控室として用意されていた部屋はベッドこそありませんでしたが、本来は病室として使われていることが分かります。整然としたこの部屋も今日だけはお支度部屋、いわゆるブライズルームです。カオリさんの支度には2時間近く必要ですので、私は衣裳を搬入したあと、礼拝堂の下見をして牧師の先生と打ち合わせをすることにしました。そこで待っていたのは、髪が長く体格ががっしりとした若い牧師の先生でした。

私はそのときに初めて病院と結婚式場では、牧師の先生に違いがあると気づいたのです。病院の牧師の先生は、いわゆるチャプレンと呼ばれ、特にホスピスでは医療従事者とは別の側面から患者を支えています。牧師の先生にとっても、結婚式の司式は初めてで、少し緊張されているようでした。しかし、普段からタツヤさんのお父さまのサポートをされていて、タツヤさんたちと同世代ということもありとても協力的に動いてくれました。

そうこうしているうちに、礼拝堂にはひと足先に支度を終えたタツヤさんと、一緒に式を挙げる弟のヒロヤさんも集まってきました。

「牧師の先生も初めてのことかもしれませんが、私も2組同時は初めてなので、今から簡単にリハーサルしましょう」

よく考えるとバージンロードでの入場が2回あり、誓いの言葉も指輪交換もベールアップや誓いのキスもすべていつもの倍です。私は牧師の先生に呼び掛け、その場にいた全員で挙式に必要なことを洗い出し、ひととおりの流れを確認していきました。

そのうち、ウェディングドレスを纏(まと)ったカオリさんと弟のヒロヤさんのパートナーのケイコさんもそれぞれのヘアメイクスタイリストにアテンドされて合流しました。いざ全員がそろってみると、普段なら挙式スタッフが担っているドレスの裾さばきをどうするかといった、新たな問題も出てきました。タツヤさんとカオリさんのフォローは私がするとして、弟さまカップルのフォローを病院のスタッフに頼むわけにもいかないね、と話していると、ヘアメイクスタイリストの女性が「私がやります！」と買って出てくれました。全員の協力のもと、問題は本番前に一つずつ解消していったのです。

真面目なタツヤさんとは対照的に、ヒロヤさんはノリが良い人柄のようです。彼はビデオカメラを片手にみんなにひと声掛けながらリハーサルの様子を撮影しており、気がつけば礼拝堂の中がリラックスした雰囲気に変わっていました。ヒロヤさんが努めて湿っぽくならないよう、そうした空気感をつくってくれたのだと思います。

その場にいた全員が初めてのことばかりで少し緊張していたこともあって、リハーサルが進むにつれてなんともいえない不思議な連帯感ができていきます。みんなの想いはただ一つ、お父さまのためのサプライズ挙式を成功させることです。

ハッピー・ティアーズ

式開始10分前、礼拝堂にはたくさんの人が集まっていました。タツヤさんとヒロヤさんの親族に加え、カオリさんやケイコさんの親族です。タツヤさんの親族は、お父さまが余命幾ばくもないことを知っているため、急な招集にもかかわらず集まってくれたのです。

全員が着席すると礼拝堂の扉が開き、お母さまと病院の医師が押す寝台式の車椅子に座ったお父さまが入場されました。お父さまはゆっくりと会場を見渡すと、親戚が一堂に会した様子に驚いたような表情を見せました。しかし、すぐに状況を把握されたようで、ぽろぽろと溢れる涙をぬぐいながら、声にならない声で「ありがとう、ありがとう」と何度もつぶやきました。会場からは静かな拍手が湧き起こりました。

ウェディングドレスを身に纏った兄弟のパートナーとなるお二人が、それぞれのお父さまと腕を組んで入場され、祭壇の前に2組のカップルがそろいました。これまでたくさんの式を見てきましたが、2組のカップルが並ぶ後ろ姿は見たことのない光景です。

礼拝堂でゲストの皆さまに見守られながら永遠の愛を誓うと、タツヤさんとお父さまのスピーチが始まります。

「父さん、僕たち三兄弟をここまで育ててくれてありがとうございます。父である以上に一人の教育者として尊敬し、その背中を追いかけて自分も教育関係の職に就きました。いろいろな場面で、子どもも大人も関係なく、誰にでも平等に一人の人間として接することを教えられました。それが今、僕の人生の基盤となっています。父さんのような教育者になれるかと聞かれたら、自信はありません。でも、僕もいつか父親になる日が来たら、父さんのように強くしなやかに、母さんが深い愛情で包んでくれたように、僕たちも子どもに接していきたいと思います」

お父さまは溢れ出そうな涙をこらえながら、タツヤさんが伝える言葉をじっと目をつぶって聞き入っていました。そして、しっかりとした声で、話し始めました。

「タツヤ、カオリさん、ヒロヤ、ケイコさん、本日はおめでとうございます。私のために予定を早めてくれて申し訳なく思いつつ、こうして懐かしい顔ぶれに会えたことがとてもうれしく、感謝しています。ありがとう。

カオリさん、タツヤは小さな頃から弟想いの良い兄貴です。人のことばかり先に考える優しい男です。その分、自分のことを二の次にしてしまう不器用な男です。そんな彼だからこそ、カオリさんのことを一生大切にすることは私が太鼓判を押します。カオリさん、タツヤを末永くよろしくお願いします。

親族の皆さま、本日はおいそがしいなか私たち家族のためにお集まりくださり、ありがとうございます。三兄弟がどんなふうに年を重ねていくかが、楽しみでもありましたが、それは果たせぬ夢となりました。この先、彼らも道に迷うことがあるかもしれません。どうぞ皆さん、私に代わって彼らを叱咤激励してくだされば と思います」

お父さまは息子たちへの熱い言葉だけでなく、息子たちを生涯のパートナーに選んでくれたお二人への感謝の言葉を述べられ、集まったご親族には自分がいなくなったあとのことを託し、最後はお世話になったホスピスの先生や看護師の皆さんにお礼の言葉を述べました。

人生では、生まれたときと結婚式と葬式の3回、自分のために人が集まってくれるといいます。息子たちの新たな門出を祝福しながら、人生の終焉の日を間近にしたお父さまを見送る悲しみが同時に訪れたその日は、家族にとって何ものにも代え難い時間となりました。

メモリアル・フォト

挙式のあと、礼拝堂で親族集合写真を撮る頃には主役たちの緊張もほぐれ、会場全体が和やかな雰囲気に包まれていました。

集合写真ももちろん2組分です。タツヤさん側の親族は動かずそのままで、タツヤさんとヒロヤさんが入れ替わると、今度はカオリさんとケイコさんの親族がそれぞれ入れ替わりました。そんな撮影も珍しく、いそがしく指示を出して汗をかいているカメラマンを見てみんな笑みが溢れていました。

集合写真の撮影が終わったあとも、カメラマンはまずは1組ずつ、次は2組一緒に、最後は次男夫妻も交えて6人でと、リクエストに応えて撮影してくれました。

今日この場に集まった全員が初めての環境ながらもお二人の想いをカタチにするため、自分にできることを全うし、チーム一丸となって挙式に臨んだのです。

無事に式を終え、ドレスを片付けながら帰り支度をしていると、カオリさんが感想を聞かせてくれました。

「不謹慎かもしれませんが、すごく楽しい式でした。お義父さんも喜んでくださって、弟さんたちともこんなに仲良くできて本当にやって良かったです」

「楽しい」という言葉が正解かは分かりません。それでも、白無垢を着ることができなかった心残りはすっかり払拭されたようで、心の底から楽しかったと思ってくれているのだと感じます。カオリさんの晴れ晴れとした表情に、私の胸のつかえもようやく取れた気がしました。

ひと月前に礼拝堂で晴れ姿をお披露目した次男のカズヤさんも一緒に式を挙げたかったと話されるほど、今日の式は幸せに包まれていました。それぞれがお父さまを思って取った行動はきっとお父さまにも十分過ぎるほどに伝わったはずです。全員の想いが一つになったと確信できる、とてもすてきな時間となりました。

エンドロールの父

挙式の数日後、お父さまが亡くなったとの連絡がありました。10月に予定していた披露宴は翌年3月に延期となり、秋に入って打ち合わせが再開すると、私は開口一番に前撮りの提案をしたのです。

「前撮りを竈門神社でしませんか？　紅葉のベストシーズンも間近ですから」

竈門神社は春は桜、秋は紅葉の名所です。そして、カオリさんが白無垢を着て式を挙げたかったあの場所です。「もともと式を予定していましたし、紅葉に白無垢が映えると思うんですよね」と伝えると、お二人も賛同してくれました。

私はさっそく例年の見頃を調べ、11月のベストな日程を提示し、タツヤさん兄弟の結婚式をともに成功させたカメラマンとヘアメイクスタイリストと日程を調整しました。どちらも二つ返事で引き受けてくれました。

当日は見事な快晴、紅葉はまさに見頃のタイミングでした。カメラマンも「僕が今まで見てきた竈門神社の紅葉で、今日がベストオブベストです」と言うので、白無垢姿のカオリさんも紋付袴姿のタツヤさんも大満足で撮影を楽しまれました。

式を挙げた日から私のなかで、白無垢を我慢されていたカオリさんの想いがずっと引っ掛かっていました。タツヤさんを想っての行動だったからこそ、カオリさんの夢も絶対に叶えてほしかったのです。紅葉が最も美しい季節に良い記念写真を残すことができただけでなく、カオリさんの笑顔も見られて、プランナーとしての役割が果たせた気がしました。

挙式の際はお父さまのこともあり、息つく間もなく準備を進めましたが、披露宴の打ち合わせはゆっくり楽しく進めることができました。披露宴当日が近づいてくるのを一日、一日と味わっているようでもあり、当日は朝から感慨深い想いに包まれ、「この日が来るなんて嘘みたい」と喜んでいました。

入場の際、扉前でスタンバイしていたお二人は入場曲が流れた瞬間、「松山さん、今まで本当にお世話になりました」と言って、笑顔で会釈してくれたのです。私は、その優しさに感激しつつ、このパーティーが終わったらもう会えなくなるのだと気づき、不意に胸を絞られるような寂しさが湧いてきました。

結婚式をつくる仕事に携わり、私たち式場スタッフは「ＮＯ」を言わないことを信条としています。お客さまからのご提示がたとえ難しいことであっても諦めたりせず、代替案を模索して提案しています。タツヤさんとカオリさんの兄弟合同挙式では、ヘアメイクスタイリストもカメラマンも同じ想いをもっていたからこそ、あのイレギュラーな状況のなかで力を貸してくれたのです。私たちの会社には上司とフラットな関係を築きやすい社風があり、ことプランニングに関してはその安心感のもとで誰もがさまざまなことにチャレンジできます。根底にあるのは「お二人のために」というたった一つの想いです。それはブライダルに従事している方なら誰しも同じ気持ちだと思います。

病院内での挙式で、なおかつ兄弟2組一緒に結婚式を行いたいと聞いたとき、最初は驚きと不安がありました。それでもできないと思わなかったのは、式場スタッフのチームの力を知っていたからです。どんな結婚式でも、当日にプランナーができることは本当に少ないですが、タツヤさんとカオリさんの兄弟合同挙式が無事に成功したのは、仲間のスタッフが動いてくれたからにほかなりません。

プランナーは結婚式の司令塔だと思います。プランナーが状況を的確に判断し、具体的な指示出しができなければ誰も動いてはくれません。お二人から状況を聞き出すのもプランナー、スタッフに共有するのも指示出しをするのもプランナーです。あとはスタッフを信じて準備を進めるのみです。

イレギュラーなケースやアクシデントが起きたとき、いかにチームに助けられ、結婚式がチームで動いているかに気づかされます。タツヤさんとカオリさんの結婚式を振り返り、改めて周囲へ感謝を伝え、これからも「お二人」のためにチームでかけがえのない一日をつくり上げていこうと思います。

伝えたい言葉、伝えたい想い、
あなたが届けたい愛する人へ

プランナーからのコトノハ

Story 2

余命2カ月の母に伝えた二人の想い

ウェディングプランナー 》 山下由里子

母への恩返し

本日は私たち二人のためにお越しいただき、誠にありがとうございます。
皆さまもご存じのことと思いますが、先日母が他界しました。
葬儀の際も皆さまお集まりくださり、ありがとうございました。
母の喪も明けないうちにこうしたお祝いの席は不謹慎かもしれません。
本来ならば延期するべきことなのだと思います。
しかし母が生前、私たちに言ってくれていたのは
「もし自分に何かがあったとしても
結婚式は予定どおり挙げてほしい」という言葉でした。
私たちは母の遺志を大切に受け止め、これまで支えてくれた母と
これまでお世話になってきた皆さまへ感謝の気持ちをお伝えしたくて

ささやかですが本日の席を用意しました。
これからもよろしくお願いしますという想いで
結婚式を挙げさせていただきたいと思います。
短い時間ですが、皆さん一緒に
楽しいひとときをお過ごしいただけると幸いです。

ウェルカムスピーチは、主役のお二人が集まってくれたゲストに「ようこそ」という言葉とともに感謝を伝える最初のあいさつです。どのカップルにとっても、それは特別なパーティーの始まりを告げるものでした。しかしお二人のあいさつは普段のウェルカムスピーチとはまったく違いました。それは悲しみに暮れていたからではありません。お二人の強い覚悟と、お母さまへの深い愛情が、言葉の一つひとつから伝わってきたからです。

話はお母さまがまだご存命だった頃にさかのぼります。

ケイスケさんとマユミさんは20代後半の同級生カップルです。初めての打ち合わせのとき、マユミさんのおなかの中に新しい命を授かったこと、ケイスケさんのお母さまが余命宣告を受けたことを聞きました。あまりにも両極端な報告に、私は返す言葉が見つかりませんでした。ケイスケさんは悲しい表情を見せるわけでもなく終始気丈で、どこかでお母さまの死を覚悟されている様子でした。

「母が元気なうちに結婚式を挙げたいと思っています。できれば5月中に」

ケイスケさんは結婚式の希望日を単刀直入に語ってくれました。２０１９年の年明け頃のことです。

お母さまは末期がんを患い、前年の暮れには余命半年の宣告を受けていたそうです。ケイスケさんは幼い頃から母子家庭に育ち、お父さまはいません。弟さまと自分を一人で育ててくれたお母さまに自分たちの晴れ姿や初孫を見せることが、恩返しであり親孝行だと話してくれました。

マユミさんも中学生の頃にお母さまを病気で亡くされていました。大切な家族が入院生活を送る心許なさも、家族にとって太陽のような存在が急にいなくなることの寂しさも知っていました。ケイスケさんにそっと寄り添い、いつでも力になれるよう尽くしている姿が印象的でした。

最後の外出許可

進行や演出に関する打ち合わせは、予定日の2カ月ほど前から本腰を入れるのが通例です。お二人もほかのカップルと同様に、本来ならば幸せいっぱいに準備を進めていきたかったはずです。しかし、ケイスケさんとマユミさんにとっての打ち合わせは、日に日に弱っていくお母さまにどうやって出席してもらうかを考える時間にもなっていました。

「母、来られるみたいです」

「2時間限定なら外出許可が下りそうです」

「病院から介護士さんを付けるなら外出できるって言われました」

連日そうした連絡をケイスケさんから受け、ともに一喜一憂したことを今でも思い出します。容体がどうであれ、お母さまのご出席ありきで当日の進行を考えつつも、病状の変化に合わせた対応策も考えていきました。

——もし披露宴へのご出席が可能になったら、お二人と一緒に写真撮影は絶対進行に入れよう。お色直しの中座のときに、ケイスケさんと弟さまとお母さまの3人で退場するのもありかも。万が一の急変に備えてエントランスには救急車を用意しておかないと。病室から出られないのであれば、病室と会場を中継でつないだらどうか……。

「山下さん、お願いしていたウェディングドレスとタキシード、すぐにでも着ることは可能でしょうか?」

結婚式本番の3週間前、ケイスケさんからそう尋ねられ、私はすぐに察しました。なんとなくその日のケイスケさんは声のトーンが重く張りつめているように感じていたからです。私はあえて事情を聞かず「大丈夫です。前撮りを早めましょう」と、落ちついた声であるプランを提案しました。ちょうど来週、前撮りを予定していたのです。場所は、九州を代表する観光地で「天神さま」の愛称で親しまれている太宰府天満宮です。

「ああ良かった。それでその……衣裳を着たまま家に行くのはだめですよね」

明後日、お母さまがご自宅に帰って来られるとのことです。それは暗に、病院から最後の外出許可が下りたことを意味しています。私は迷わず言いました。

「お母さまにお見せしましょう！　カメラマンさんも同行して写真も撮っていただくのはどうでしょうか」

「ありがとうございます！　ご無理を言ってすみません」

ケイスケさんの声がいつもの口調に戻ったのを聞いてホッとしつつも、お母さまの容体や、もしもの場合の結婚式の実施について考えずにはいられませんでした。

これから結婚する二人へ

ゴールデンウィークが始まりウェディング業界は繁忙期を迎えます。私も担当挙式が重なって慌ただしく過ごしていた4月の終わり、お母さまの訃報がマユミさんから届きました。メールを開いた瞬間、胸をえぐられるような気持ちが押し寄せてきて、呆然と立ち尽くすことしかできませんでした。

前倒しとなった前撮りの日、お母さまに晴れ姿をお見せするというお二人の夢が一つ叶ったばかりでした。ケイスケさんとマユミさんの幸せそうなやりとりに耳を傾け、うれしそうにほほえむお母さまの姿を見たのはついこの間のことでした。お二人の想いになんとか寄り添いたくて、私はマユミさんに電話を掛けました。

「ケイスケさんは葬儀の準備でいそがしくしているので、私のほうから山下さんにメールしたんです。彼も覚悟はしていたんですが、本番までなんとかもってほしいと強く願っていたので無念なところもあると思います。

喪中ですが、結婚式は予定どおり行いたいと思います。これはお義母さんの想いでもあるんです。もし自分がどうかなってしまっても結婚式はやってほしいって、前撮りの日に話してくれて……。それがあったから、私たちもやることに決めたんです。ケイスケさんが山下さんによろしくと言っていました」

妊娠中で体力的にも精神的にもしんどい時期であるにもかかわらず、マユミさんはそんなふうに話してくれました。

正直、日本の風習から考えると、親族が亡くなり四十九日も明けないうちに、結婚式を執り行うことが令和の今もタブー視されても仕方がありません。日程を延ばすことが最善だと思う人もいるはずです。でもそうしなかったのは、お母さまを一番に考えているからです。思えば、初回の打ち合わせからお二人はお母さまに晴れ姿を見せたい一心で、全力で取り組んできました。

あらゆるカップルが結婚式までの過程を、時にはけんかをしながらもワクワクした気持ちで過ごしがちなものですが、お二人の準備期間はお母さまの余命とともにありました。お母さまが亡くなられたばかりでしたが、せめて本番当日は幸せなひとときを過ごしてもらいたいと、私は改めて担当プランナーとしての想いを強くしたのです。

天国への折り鶴シャワー

「おめでとう！」

迎えた本番、チャペルから出てきたお二人の頭上を越え、大空に向かって色とりどりの折り鶴が舞い上がりました。

「お母さまの回復を祈ってケイスケさんとマユミさんが折った鶴なんです」

挙式に参列した人々に折り鶴を渡す際、そう伝えると、皆さんがお母さまのご冥福とお二人の幸せを祈って投げてくれました。五月晴れの空に飛び立った折り鶴は地面に舞い落ちた姿も美しく、お二人の心に残る光景になったことと思います。

「母の病室から千羽鶴を引き揚げてきたんです。ウェルカムスペースに飾ってもいいですか？　見舞いに行くたび、母に教えてもらいながらマユミと3人で折ってたものなんですよね」

進行や演出が大詰めを迎えた本番も間近のある日、久しぶりに掛かってきたケイスケさんの電話で、そんな相談をもらいました。聞いた瞬間、すごくすてきだと思ったのと同時に、不意にあるイメージが浮かんだのです。

「それ、飾らずに飛ばしませんか？」

もともとお二人はチャペルでの挙式後にフラワーシャワーを予定していました。フラワーシャワーとは、教会から出てきたカップルにゲストが花びらをまいて祝福するセレモニーです。花の香りで周囲を清め、幸せを妬む悪魔からお二人を守るおまじないや、花自体に「幸せ」という意味があり、お二人に「幸せ」が降り注ぎますようにという願いが込められています。ほかにも、食べ物に困らないようにとの意味を込めお米をまいて祝福するライスシャワーが起源という説もあり、折り鶴シャワーは和装のときなどに人気があります。私は、花ではなく折り鶴のシャワーに変えたら、温かなお二人にぴったりだと思ったのです。

そもそも折り鶴は結婚や平和の意味があり、健康や幸せを込めて祝福できる縁起物です。そうした意味合いも含めて、お二人の式にぴったりだと提案したところ、とても喜ばれ、採り入れることになったのです。

挙式後の披露宴はケイスケさんのウェルカムスピーチから始まりました。ゲストの半数以上は1週間前にお母さまの葬儀にも参列されています。ケイスケさんの言葉にそっと耳を傾け、静寂のなかにお二人の状況や想いを分かち合っているような一体感がありました。

スピーチを「楽しいひとときをお過ごしいただけると幸いです」と締めたとおり、楽しい場面もたくさんちりばめられました。マユミさんが妊娠中のため、動き回るような演出は取り入れなかったものの、鏡開きや友人の余興もあり、賑やかな披露宴となりました。

印象的だったのは、中盤で流したお二人を紹介するプロフィールムービーです。最後に映し出されたのは、先日ご自宅で撮影されたばかりのお母さまとの3ショットでした。闘病中ながらも満面の笑みを浮かべたお母さまが大きく映し出されると、あちこちからすすり泣く声が聞こえました。

ケイスケさんとマユミさんの結婚式は、慶弔が文字どおり隣り合わせにありました。慶びと弔い、生と死、これらは人間の営みに欠かせないものです。マユミさんのおなかに宿った新しい命と、その成長をケイスケさんのお母さまはきっと天国で見守ってくれることと思います。

母が愛した味

結婚式までの準備期間、お二人がいつも暗く寂しい顔をしていたわけではありません。ケイスケさんは冗談を言っては周囲を明るくさせるユーモアある人柄で、おっとりした性格のマユミさんをよく笑わせていました。ゲストのお見送りの際のプチギフトについて話し合っているときもそうでした。

プチギフトとはおひらきの際やテーブルラウンドのときに、カップルがゲスト一人ひとりに感謝の気持ちを込めて手渡す引菓子です。そのプチギフトを何にするか話していたとき、「太宰府だし、梅ヶ枝餅がいいんじゃないの？」と、ケイスケさんが冗談半分で提案されました。「まさか〜」とマユミさんは半笑いで言いました。「実はご用意できますよ」と私が伝えると、「え〜っ⁉」と驚き、お二人そろってケラケラと大笑いされたのです。ゲストのほとんどが福岡県民であるのに福岡銘菓をゲストに贈ることがツボに入ったのでしょう。そんな、和やかな時間もありました。

太宰府エリアは全国的にも有名な観光スポットということも手伝って、地元愛が強い人が多いように感じます。実際、太宰府在住のカップルには「プチギフトは絶対、梅ヶ枝餅」という人も多いのです。その話も含めて、太宰府天満宮の参道には菅原道真公の伝説から生まれた梅ヶ枝餅の販売店が30軒ほどあり、うち1軒がパートナー企業であることをお二人にも伝えました。

「熱々のできたてをお見送りの際にお配りすることもできるんですよ」

私の一言が決め手になったのか、お二人のプチギフトは梅ヶ枝餅に決定しました。それがケイスケさんのお母さまの好物だったということは、後日マユミさんが教えてくれました。

人生のお守り

「本当に良い式になりました。ありがとうございました。母もきっと喜んでくれていると思います」

おひらきのあと、お二人が声を掛けてくれました。私は結婚式に至るまでの道のりを思い起こし、さまざまな想いが込み上げてきて涙が止まらなくなり、気がつくと3

人で泣いていました。

結婚式の陰の立役者はマユミさんだと思います。彼女の支えがあったからこそ、無事に結婚式が幕を閉じたと思います。着たかったウェディングドレスもやりたかった演出もきっとあっただろうに、マユミさんは自分のことはいつも二の次で、全面的にケイスケさんを支えていたのです。

前撮りの日は、ケイスケさんのお母さまの横でうれしそうに笑っていました。ケイスケさんの喜びがマユミさんの喜びであり、それがお母さまの喜びでもありました。

想いを本当に伝えたい人へ届けることが、結婚式の根底にあります。きっとお二人の気持ちは折り鶴に乗って天国まで届いたはずです。私がプランナーとしての醍醐味を感じるところはそこにあります。人の感情は楽しさや喜びに大きく針が振れ、感動が加わり、幸せへとつながっていくと思うのです。

お二人の場合は、お母さまが会場にいて自分たちを見守ってくれることが結婚式のゴールでした。私にとっても同じです。しかし実際の結果はお二人が思い描いたものとは違うカタチになってしまいました。

ゴールは違ったかもしれません。それでも見えない想いが相互に届いたとき、人生にかけがえのない時間がお二人のなかにも刻まれて、これからの人生の「お守り」になるはずです。結婚式をつくり上げるため、お二人で共有した時間や互いに向き合った時間がその後の人生にずっと残っていきます。そしてそれこそ、ウェディングの本質のような気がします。

結婚式で自分たちが何をしたいのか、何を大事にするのかを悩んだ分だけ、お二人にとって結婚式がかけがえのない大事なものになるはずです。そんなお二人の大切な時間づくりを、これからもお手伝いしていきたいと思います。

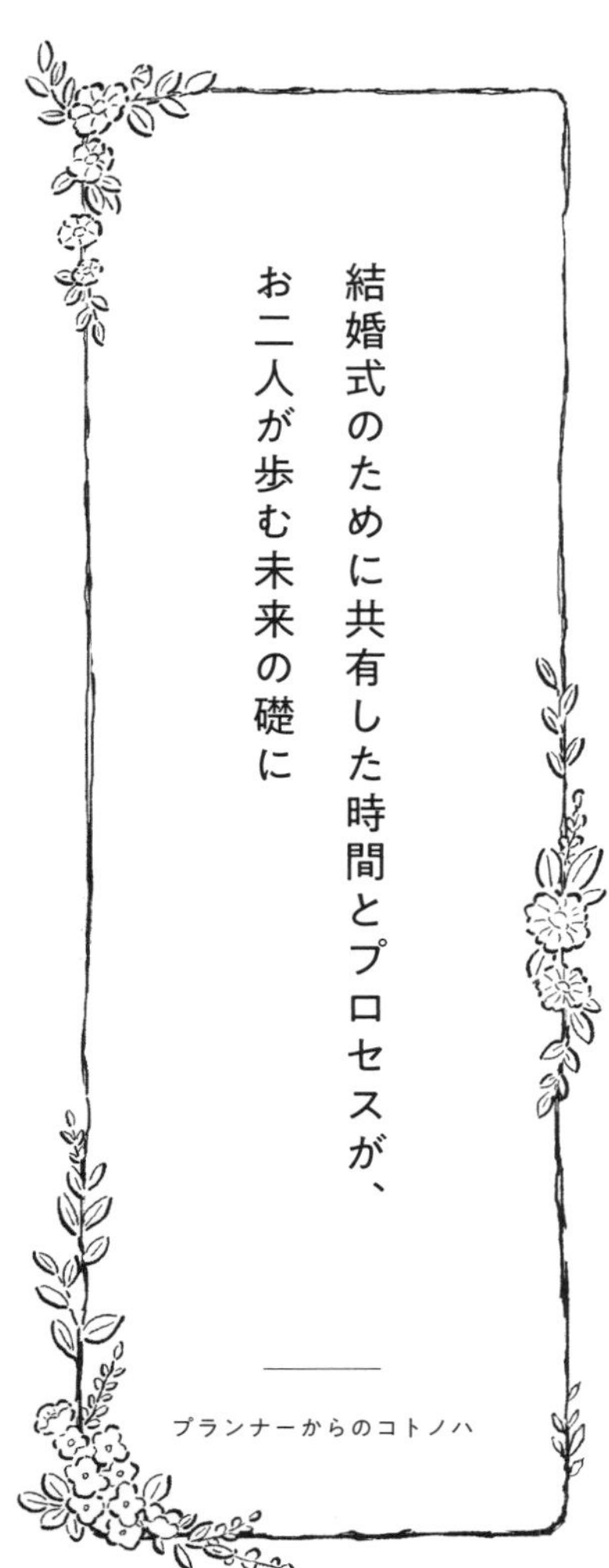

結婚式のために共有した時間とプロセスが、
お二人が歩む未来の礎に

プランナーからのコトノハ

Story
3
結婚式はゲストも主役

ウェディングプランナー ≫ 三枝あさぎ

結婚式のナビゲーター

結婚式に招待されたことはあっても、いざ自分ごととして準備するとなると何から始めればよいか分からないものです。ほとんどの人が「分からないこと自体がなんなのか分からない」と言います。そこでお二人が抱えている不安や疑問に一つずつ向き合うのも、ウェディングプランナーの大切な役目です。初回の打ち合わせでは結婚式当日までのスケジュールの流れを説明すると、初めて聞くことばかりで不安そうな顔になってしまうのです。

「その都度、順を追って説明していきますのでご安心くださいね。分からないことがあったらいつでも聞いてください」

私たちは結婚式までの道のりのナビゲーターとして、できるだけお二人の不安を取り除いていけるよう努めています。

ワタルさんは40代、マミさんは30代、10歳ほどの年の差カップルです。結婚式に関してはは明るく朗らかなマミさんが先導され、穏やかで落ちついた雰囲気のワタルさんが優しく寄り添う姿勢でした。

披露宴の演出についてもあらかじめ話し合いをされており、初めのうちから理想の結婚式のイメージを聞かせてくれました。式への思い入れが強い分、思い描いたとおりに実現できるかどうかマミさんは結婚式前日まで不安を感じているようで、時々心配そうな顔でワタルさんを見つめるのでした。プランナーとしていかにお二人の不安を解消できるかが腕の見せどころです。

マミさんはもともと友人や会社の同僚を大勢呼ぶ計画を立てていました。しかし、コロナ禍によって会食の人数が制限され、大人数が一堂に会することは自然と敬遠されるようになっていました。お二人もそうした状況を考えて、ミニマムな人数での結婚式を行うことになり、ゲストは両家それぞれの両親やきょうだい、その家族までと絞り込み、最終的に20人としたのです。

ゲストと過ごす和やかな時間

少人数の結婚式は会食を中心としたパーティーになる傾向があります。演出を取り入れない分、家族や親族と和やかな時間が過ごせると好評で、コロナ禍に入って人気に拍車が掛かったように思います。ところが、ワタルさんとマミさんは違いました。

「僕たちのために集まってくれるのに、食事をするだけではもったいないね」

「少人数だからこそ、私たちができるおもてなしをしたいよね」

お二人はこの結婚式を両家の家族同士で過ごす、またとない機会だととらえ、「特別な時間なのだから思い出に残る一日にしたい」と、想いを聞かせてくれました。

11月の挙式日に向け、9月に入ると進行の打ち合わせがいよいよ大詰めになってきました。その頃になると結婚式のコンセプトも明確になり、「全員参加で楽しめるようなパーティー」という軸で演出を考えていきました。

ウェディングツリーもその一つで、お二人が結婚した承認の証しとして、枝だけが描かれた木のイラストの上にゲスト一人ひとりのフィンガースタンプ（指紋の押印）を葉に見立てて手作りするゲストブックのことです。お二人の署名欄を加えれば人前式での結婚証明書の役割を果たします。これをお色直しのタイミングでゲストの皆さんにお願いし、完成次第、そのままウェルカムスペースへ飾ることにしました。また20人のゲストのうち6人が子どもでした。入場の際の介添やフラワーシャワーの際のフラワーキッズをお願いしたり、プレゼントがもらえるじゃんけん大会も組み込んだりして子どもたちも楽しめるように工夫を凝らしました。

ウェディングケーキ入刀のあとは互いにケーキを食べさせ合うファーストバイトがおなじみですが、ご家族が大好きなマミさんが提案したのは、お手本バイトです。両家両親の食べさせ合いっこを見てから、ワタルさんとマミさんが行うというものです。その後、みんなで楽しめるテラスでのバルーンリリースを終盤に加え、進行表がどんどん埋まっていきました。

ゲストにどう喜んでもらうか――。

演出を決める際、お二人は特にその点にこだわりました。ゲスト一人ひとりの顔を思い浮かべながら、誰もが1回以上演出に参加できることを考えていったのです。

「バラの花って、こちらで頼んだらいくらくらいしますか?」

ほぼ埋まりつつある進行表を眺めて3人で頭を悩ませていたとき、マミさんが唐突に尋ねました。

「会場の装花をお願いしているフラワーショップは状態の良いものをセレクトしてくれている分、町のお花屋さんよりやや値が張るかもしれません。バラでしたら1輪500~800円だと聞いています。お花の部分が結構大きくて見映えが良く、日持ちも良いそうです」

マミさんの質問の意図が分からず、なぜバラなのかを私は尋ねました。

「三枝さん、ダーズンローズってされたことありますか?」

そうして、マミさんの考える演出プランについて話し始めたのです。

愛する人へのダーズンローズ

ダーズンローズは愛する人へ12輪のバラを贈り、ゲストの前でプロポーズをするブーケセレモニーです。一般的に挙式で取り入れる場合は、バラの贈り手は着席しているゲストから12輪のバラを受け取りながら入場します。その後、バージンロードを歩いて相手のもとへ到着したタイミングで、バラの贈り手は束ねた12輪のバラとともに相手へ誓いの言葉を贈ります。受け取った側はそのブーケのなかからバラを1輪選び、パートナーの胸元に飾ることでお二人の誓いが成立するという、ヨーロッパ発祥の演出です。

この12輪のバラはそれぞれに意味があります。感謝・誠実・幸福・信頼・希望・愛情・情熱・真実・尊敬・栄光・努力・永遠と、いずれも結婚生活に欠けてはならないものばかりで、実にロマンティックな演出です。マミさんはこれに一つアイデアをプラスして、今までなかったダーズンローズを提案されたのです。

「お父さんとお母さんにお兄ちゃんとお義姉さん、ワタルさん側もお義父さん、お義母さんと弟さんカップルで私たちも入れたら5組のカップルがいますよね。その全カップルがダーズンローズをやるのはどうかなって思って」

「僕たちは神社での挙式だから、やるなら披露宴のときだね。でも5組分だから60輪のバラを集めるのが大変だよ。どうやってやろうか」

ワタルさんはいつものように話を受け止めてから、具体策を考えていきます。

「私、ファーストミートみたいにするのがいいんじゃないかなと思っていて。背中を向けて立っている相手に近づいてバラを手渡すのに変えちゃうのは？」

「それだったら1組12輪にこだわらなくてもいいかもしれないね」

「せっかくだからみんなには内緒でサプライズにしようと思うんだけど……、三枝さんはどう思いますか？」

マミさんの問い掛けに、「すてきですね、とってもいいと思います！」と答えつつ、私自身もプランナー人生初となるチャレンジに内心はドキドキでいっぱいです。それでも、ゲストの喜ぶ顔を想像しながら楽しそうに話し合うお二人を見て、成功を心に誓いました。

押し寄せる不安を乗り越えて

結婚式の準備期間中は、打ち合わせ以外でも電話のほかチャットを使って、お客さまとのやりとりを頻繁に行います。短い言葉のやりとりは今どきのお客さまとも相性が良く、お客さまに合わせたほどよい距離感を大切にしています。

マミさんのチャットの文面からは、時折不安な気持ちが読み取れました。私はすぐに返信するのはもちろんのこと、質問への回答は簡潔に、なおかつ納得し、自信をもっていただけるような言葉掛けに努めました。しかしダーズンローズの打ち合わせをした翌日のチャットからも、マミさんの不安な気持ちが垣間見えたのです。

マミ▼三枝

昨日はありがとうございました。
優柔不断な性格なのでなかなか決めきれないですが、
あれこれ考えるのは楽しいです♡

その分、三枝さんにも質問ばかりですみません。
バラの演出ですが、1輪ずつ渡すのってどう思いますか？
先日、1輪で500~800円と聞きましたが、正確な料金を教えてもらえますか？

三枝▼マミ

こちらこそ昨日はありがとうございました！
バラの演出、ゲストさまも思い出に残ると思います。
皆さまのことも考えられていてとってもすてきです♡
ご質問の件、フラワーショップに問い合わせたところ
1輪500円でご用意できるそうです！ 5組分で2500円になります。
注文もできますし、もちろんお持ち込みも可能です。

マミ▼三枝

そう言ってくださるととても心強いです！

バラの件、ワタルさんと検討します。それで予算なのですが、
最初の見積もりと変わってきている部分もあり不安があります。
次回の打ち合わせのとき、最新の見積書をいただけますか？

三枝▼マミ

バラの件、ぜひ再度ご検討くださいませ。
見積もりの件ですが、マミさんのおっしゃるように
追加注文いただいている項目も多々ございます。
反映し、次回改めて見積書をご提示いたします！
ちなみに人数の変更やお料理の金額のご変更はございませんか？
現実的な金額が見えてきますので、ご変更がありましたらお知らせくださいね。

結婚式の準備はどのカップルにも楽しんでほしいですが、コロナ禍ではさすがに手放しで楽しめない状況が続きました。中止か延期か縮小かといった想定は当たり前で、

式を控えたほとんどのカップルが常に実施することに対して不安を抱き、マミさんも例外ではありませんでした。

いよいよ来週に本番を控え、最終の打ち合わせで前日に搬入してほしい持ち物を伝えているとき、マミさんから披露宴のリハーサルの有無を尋ねられました。挙式の場合は前日に簡単に動きを確認することはありますが、披露宴に関してはやっていないことを伝えると、つい先ほどまで笑顔だったマミさんの表情がサッと曇ってしまいました。ワタルさんはその変化も見逃しません。

「三枝さん、会場だけでも見せていただくことはできませんか？」

「そうですね、本番さながらにリハーサルするのは難しいですが、会場にテーブルがしっかり入った状態で、動きの確認だけでもしましょう！」

通常、披露宴のリハーサルはしませんが、なぜやらないのかを考えたとき、明確な答えが見つからなかったのです。ならばやっておこう、と判断したのでした。それ以上に、お二人が不安なまま当日を迎え、思っていたのと違った、もっとこうしたかったと悔いが残るような結婚式にはさせたくなかったのです。

「良かった！　サプライズの演出とかもあるし会場の下見をしないと心配で……」

そう話すマミさんの表情になんとか笑顔が戻り、「本当、良かったね」と話すワタルさんもうれしそうでした。

結婚式前日、テーブルのしつらえも完了し、あとはゲストを待つばかりの会場にお二人がやって来ました。普段なら丸テーブルが複数セッティングされるところですが、会場中央には大きな長テーブルが1台配置されています。お二人はテーブルの上のネームプレートの名を一つひとつ眺めたり、ウェルカムスペースに置かれたお二人の写真や思い出のグッズを並べ直されたりしています。入場からお二人が座る席までの動線や、サプライズ演出となるダーズンローズでのゲストの動きの確認が済んだ頃には、本番のイメージができたようで晴れやかな笑顔を浮かべていました。

本番当日、ウェディングプランナーができることは会場や進行を見守るのみです。前日まで不安な気持ちが残っていたマミさんが一日楽しめるかどうかは、現場スタッフに委ねるしかありません。だからこそ、いつも以上に入念な前日の打ち合わせができたことで、私自身も安心感をもって本番を迎えることができました。

喜びのサプライズ

迎えた当日、ワタルさんとマミさんの入念な事前準備の甲斐あり、親族だけの結婚式は和気あいあいと進んでいきました。じゃんけんゲームではお子さまゲストの元気な声が飛び交い、両家のご両親も参加したお手本バイトは大いに盛り上がりました。会場がしっかり温まったところで、いよいよダーズンローズの演出です。

今回の結婚式のために主役のお二人が考えた、ゲスト全カップル参加型のスペシャル版ダーズンローズです。まずお父さまやお兄さまに趣旨を理解してもらわないことには、サプライズが成功しません。参加するワタルさん以外の4人に「のちほどそれぞれのお相手にバラを渡す演出がありますので、ご協力をお願いします」とこっそり伝える必要があります。

その大役は、私とサービススタッフの2人で担いました。ネタバレした時点でサプライズは失敗です。加えて「バラをお渡しするとき、パートナーに日頃の想いを伝えてくださいね」とも伝えなければなりません。声掛けのタイミングを見計らって2人でハラハラしていましたが、そんな心配はまったく必要ありませんでした。４人全員が快く承諾してくれて、すっかり拍子抜けしたことを思い出します。こうしてすべての準備が整いました。

司会者から不意に名前を呼ばれ、「え？」「私？」「今度は何かね～？」と口々に言いながら両家それぞれのお母さまと、ごきょうだいのパートナー計４人が立ち上がりました。そのままスタッフに促されて壁側を向いて横一列にスタンバイすると、今度はワタルさんとマミさんの名が呼ばれ、お二人も席を立って前のほうへ向かいます。そして最後に両家のお父さまとごきょうだい、合わせて４人がそれぞれのパートナーの真後ろに整列しました。何事が始まったのかと会場内がザワつき始めたところに、司会者からの合図です。

「お待たせしました！　皆さま、どうぞ振り返ってください！」

振り向いた先にいたのは、バラを携えたそれぞれのお相手です。すると司会者がマミさんの用意したコメントを読み上げました。

「日頃の感謝を込めて、大切なパートナーへのサプライズプレゼントです！　お二人が出会った当時の気持ちを思い出して、愛の言葉を添えてお渡しください！」

お父さまたちは「いつもありがとう」「愛してるよ！」の言葉とともにバラが贈られました。感極まって涙する姿もあり、「私もよ！」「この先も末永くよろしくね！」とのお返しの言葉もあり、マミさんのお父さまとお母さまはハグをするなど、なんとも心温まるサプライズ演出となりました。

もちろん、仕掛人のワタルさんとマミさんも皆さんと同時にダーズンローズを行います。あちこちで上がる歓喜の声やリアクションにうれしそうに笑い合っているお二人の姿を見ると、私も心が温かくなりました。

愛するあなたへ

日頃から感謝の言葉を伝えていても、こうした特別な場で伝えると言葉のもつ意味合いや深みが増すような気がします。マミさんのアイデアで始まった全カップル参加型ダーズンローズは、本来の演出とは一味違ったものとなり、改めて互いのことを大切に想い、パートナー同士の仲がより深まる時間となったはずです。

どうしたらゲストも結婚式を楽しんでもらえるか——。

マミさんのその想いは、ゲストである親族にだけ向けられたものではありません。新しく家族となるワタルさんにも喜んでもらいたいと、誕生日を間近に控えた彼へのサプライズも用意していたのです。

ダーズンローズが一段落したあと、会場が暗くなってバースデーケーキを持ったマミさんが現れたとき、ワタルさんはとても驚いていました。「いつの間にそんな準備をしたの?」という表情のワタルさんに、マミさんは日頃の感謝やともに歩む人生の誓いだけでなく、結婚式準備で感じた複雑な想いもつづったラブレターを読み上げたのです。

——私が優柔不断な性格のために結婚式の準備が思うようにならず、落ち込むこともありました。そんなときにも変わらぬ態度で励ましてくれてありがとう。

私は聞いてハッとしました。打ち合わせではそんな様子は見せませんでしたが、人一倍、結婚式への思い入れが強かったマミさんは準備期間中にもたくさんの不安を抱えていたはずです。決めごとが多い結婚式の準備に心が折れてダメージを受けるカップルもいるのです。マミさんの場合、コロナ禍で感染拡大の波がいつまた訪れるか分からない不安もあったことと思います。ウェディングプランナーはお客さまに寄り添い、結婚式の準備を進めていきますが、私たちの見えないところでお二人なりの不安があり、私たちがサポートできることは思っている以上に限られているのです。

――一緒に頑張ってくれたから、今日という日を迎えることができました。これからもずっと寄り添って歩いていこうね。

この日最後のサプライズに、会場内には温かな拍手が鳴り響いています。マミさんの手紙から、私はこの半年の準備期間中には気づけなかったお二人の絆や細やかな気遣いを教えてもらった気がしました。

ゲストのお見送りのとき、かわいいドレスを纏った姪っ子さまの「マミちゃんの結婚式、また来たーい！」の言葉に、親族中から笑い声が起こり、その瞬間、お二人の望んでいたゲストが喜び楽しめる結婚式になったと感じました。

「終わったばかりだけど、結婚式、もう1回したいです！」

おひらきのあとにマミさんが笑顔で言ってくれた言葉は、私にとっての勲章です。

確かに、ウェディングプランナーのできることは限られているかもしれません。それでも私はそのときできることに全力で臨めるプランナーであり続けたいと思います。

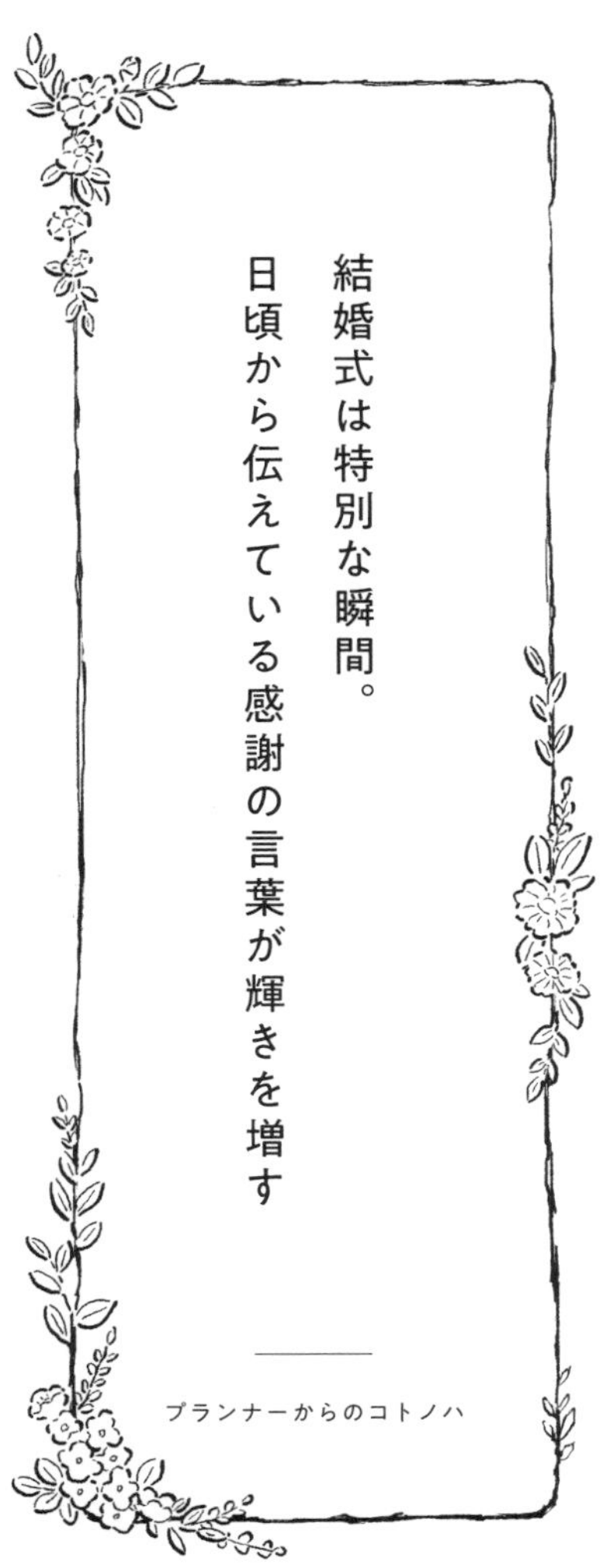

結婚式は特別な瞬間。
日頃から伝えている感謝の言葉が輝きを増す

プランナーからのコトノハ

Story 4

時を越えて伝える〝ありがとう〟

ウェディングプランナー≫ 松原里沙

諦めの電話

「ここまで準備を進めてきたんですが、参加できるゲストが予定の半数になってしまいました。残念ながら開催できないと思います」

結婚式の3週間前、コウジさんから延期の連絡が入りました。電話の声は至って冷静でしたが、モエさんとともに本当にギリギリまで実施する方向で取り組まれてきただけに、コウジさんの無念さが痛いほど分かりました。

コウジさんは自衛官、モエさんは看護師でともに20代後半です。職業柄かそろって誠実な人柄で、いつでも自分たちのことより相手のことを気遣うような優しいお二人です。最初からお二人は結婚式をお世話になった人々に感謝を伝える場だと考え、コロナ禍ではありましたが実施することをとても大切に思っているようでした。

ところが年明けから感染力の強いオミクロン株が大流行し、ゲストから欠席の連絡が相次ぐ事態となったのです。特にお二人の仕事上、職場の上司や同僚がそう決断せざるを得ないのも無理もないことです。コウジさんとモエさんに限らず、この頃は欠席者が増えて延期か縮小かの決断を迫られるカップルがあとを絶ちませんでした。

お二人が2月挙式にとてもこだわっていたことが頭をよぎり、モエさんのことが心配になりすぐにチャットで連絡を入れました。

松原▼モエ

コウジさんから聞きました。残念です（TT）

モエ▼松原

なんとか実施したかったのですが、このような状況で開催したとしてもゲストの方々にもご迷惑を掛けてしまいかねません。仕方がないです。

自身に言い聞かせるような返信で、明らかにモエさんの結婚式に対するモチベーションが落ちているように感じました。

新天地からの決意表明

コロナ禍以降、結婚式はなんとなく不要不急なものとして考えられているところがあります。いつの間にかネガティブな要素が含まれた言葉になってしまっているような気がして、私は釈然としない想いを抱えていました。モエさんの文面にもそうした感情が感じられたのです。

松原 ▼ モエ

仕方がないことかもしれません。ですが私はお二人が後悔しないように進めてほしいと思っています。今回の延期は残念ですが、お二人がいちばん安心して実施できそうだと思える新たな日取りで行うことも良いと思います！

そう返信することが私には精いっぱいでした。

お二人がここまで2月挙式にこだわっていたのには理由がありました。コウジさんが3月に福岡から沖縄へ転勤することが決まっていたのです。

「去年の暮れには内示が出ていたんですが、延期するかどうかでバタついていたら松原さんに言いそびれちゃって。転勤は挙式後だから、まぁいいかなと……」

新たな日取りを決めるために来館されたコウジさんがバツの悪そうな顔で教えてくれました。きっと余計な気遣いをさせたくないというお二人の配慮があったからなのだろうなと思います。

新天地へ行く前にお世話になった方々へ結婚したことを披露したい一心で、お二人は2月に行えるよう準備や調整を頑張ってこられたのだと思います。そんな折、コロナ第6波のために延期を余儀なくされて肩を落としていましたが、他県への引っ越しが間近に迫り、それが気持ちの切り替えとなって、新たな日取りに向けての準備が始まりました。

結婚式の日取りが5月に決まり、3月からは沖縄での新生活が始まります。引っ越し準備や手続きなど、今まで以上にいそがしくなるので、オンラインで打ち合わせをしていくことになりました。緊急事態宣言以降、オンラインも打ち合わせの選択肢として増え、コロナがもたらしたものはマイナスばかりでもなかったのかもしれません。

延期したことで生じた時間的な余裕が、モエさんの心にもゆとりをもたらしたようで、「次に福岡に来るときは本番ですね！」と、すっかり結婚式へのモチベーションを取り戻し、お二人で新天地の沖縄へと旅立っていきました。

感謝はメモリプレイに乗せて

迎えた5月の結婚式当日、コロナ禍で会いたくてもなかなか会えなかった人や沖縄転勤で当分会えなくなる人が、お二人のハレの日に集まってくれたのです。そうした背景もあり、進行はどちらかというとコミュニケーションを第一に考えて、演出は詰め込みませんでした。どのゲストともおしゃべりや写真撮影ができるよう、歓談タイムをたっぷり取っていたのが、コウジさんとモエさんらしさだったと思います。

延期前からお二人が力を入れて準備していたのが、メモリプレイという大掛かりなサプライズでした。これはプロとして活動している子役たちがカップルの幼少期や少年期、青年期などを演じ、両親との思い出の場面を当時のお二人になりきって再現する演出の一つです。やや高額なこともあり私たちの式場でも取り入れるカップルは珍しく、私自身も初めての演出となりました。

お二人は打ち合わせが始まった頃からメモリプレイでご両親へ感謝の気持ちを伝えたいと話されていました。子役のキャスティングから脚本まですべてパートナー企業が担ってくれる演出プランですが、私たち式場スタッフも役割の垣根を越えて協力し合い当時を完璧に再現できるよう全力で臨みました。

メモリプレイはなんのアナウンスもなく突然始まりました。

「ママー！　ただいまー！　あのね、今日学校でね……」

赤いランドセル姿の女の子が突然会場に入ってきて話し始めます。

するとスクリーンの前で横一列に並んだ両家の親御さまにピンスポットが当たりま

した。あらかじめサービススタッフに「次は花束贈呈ですのでご準備ください」と誘導されていたのです。

急にいったい何が始まったのかと会場内がザワつき始めました。続いてスクリーンには幼い頃のモエさんの姿が映し出されます。赤いギンガムチェックのワンピースに白いソックスを合わせ、ツインテール結びにしている子役の女の子は、服装も雰囲気も幼い頃のモエさんにそっくりです。モエさんのお母さまは、え?と声を上げ、女の子の話をうなずきながら聞いてほほえみ、当時を思い出して目頭を押さえています。

すると、今度は小学生くらいのユニフォーム姿の男の子が入ってきました。コウジさんの少年時代です。野球チームの集合写真がスクリーンに映し出され、友人席から「あれ俺だわ」という声が上がり円卓がドッと沸きます。

予告もなく始まったコウジさんとモエさんのメモリプレイに、次第に誰もがお芝居に引き込まれ、思わずもらい泣きするゲストが一人また一人と増えていきました。

感謝のレターリレー

メモリプレイの終盤、真新しい自衛隊の制服に身を包んだ青年が出てきました。高校卒業後、自衛隊に入隊し寮生活を始める日の朝を青年コウジさん役の役者が一人語りで演じはじめます。

「家を出る日、これまで一緒に過ごしてきた家族と離れるのが寂しくて涙が止まらなかった。寮に着いてカバンを開けたら封筒があり、中から〝コウジ！　頑張れ！〟のメッセージカードと四ツ葉のクローバーが出てきて、ものすごくびっくりして、ものすごくうれしかった。こっそり入れてくれていたんだね。そばで見守ってくれているみたいで、訓練の励みになっているよ。いつも背中を押してくれた家族に、あの頃の僕から感謝を伝えたい」

続いて看護学校の制服姿の若い女性が出てきました。

「大好きなお父さんにがんが見つかって、最初の手術が成功してみんなでホッとしたのもつかの間……。すぐに転移が分かったとき、とてもつらくて、目の前が真っ暗になった。お見舞いのたびにお父さんが痩せていく姿を見ると、心が折れそうになった。でもお母さんは1日2往復も家と病院を行ったり来たりして、お父さんを明るく励まし続けてくれたよね。ありがとう。お父さんはいつも『お母さんには感謝している』と言っていたよ。看護師として働く夢が叶ったとき、お父さんが細くなった手で〝おめでとう〟って握手してくれたこと、一生忘れない。兄と私と妹を一人で育ててくれて、弱音も吐かずこれまで全力で走り続けてきたお母さんに、今は亡きお父さんの分まで親孝行をさせてください。だから当時の自分になって感謝を伝えたい」

お二人の言葉が「感謝を伝えたい」で終わったのには意味がありました。

「まだまだ伝えたいことがあるから、今日は手紙を書いてきたよ」

手元に大きな封筒を持った制服姿のモエさんはそう言うと、中学生時代のモエさんのもとに駆け寄り、中学生時代のモエさんは小学生時代のモエさんへと手紙がリレーで渡されていきました。そしてコウジさんとモエさんの座る席の前で、美しくドレスを纏ったモエさんに手紙が手渡され、進行はいよいよクライマックスです。「お母さん」の呼び掛けで始まる手紙を現在のモエさんが読み上げ、大切に育ててくれた両家の親御さまへ感謝の想いを伝えます。

いつの間にか、コウジさんは凛々しいタキシード姿から息子の顔に、モエさんは娘の顔に戻って泣きじゃくっています。そんなシーンにゲストからの拍手が鳴り止まず、会場全体が感動に包まれていました。

プロの役者たちがカップルの幼少期から青年期を演じ分け、時を越えてこれまでの感謝をありのままの言葉で届けるメモリプレイによって家族だけでなく、ゲストの皆さんにもお二人の想いが届いたように思います。場面がきり替わるたびに、涙するゲストの姿がありました。これまでの人生の一部をきり取ったとしても、お二人それぞれの物語を最初から最後まで手紙で表現することは容易ではありません。逆に短いダイジェストではゲストには理解しづらい部分もあります。芝居に当時の想いや感謝を乗せることで、会場のゲストにもお二人がそのときに感じた温度までも共有できたように思います。

感謝の気持ちの伝え方は十人十色です。手紙やムービーなどさまざまな表現はありますが、当時を再現してお二人の想いを伝えるのも一つの方法なのです。

たとえプランナーが無力でも

披露宴がおひらきになり、コウジさんもモエさんも達成感が表情に表れていました。「コロナ禍で思いどおりにいかないところがあり、正直落ち込んだときもありましたが、どんなときも支えてくださりありがとうございました」

最後に私にも感謝を伝えてくれたのが、お二人らしくて、私にまで幸せのおすそわけをしてもらった気がします。大切な人に、感謝の気持ちを自分たちらしい言葉で届けることがいかに重要であるか、お二人は私たちプランナーに教えてくれました。

コロナ禍では、たくさんのカップルの間で結婚式を実施するか実施しないかの話し合いが行われたと思います。

「会社からストップが掛かっているのですが、私たちは結婚式を挙げたいんです。どうしたらいいですか？」

そうストレートに尋ねられたこともあります。

「やはり結婚式はお二人が主役ですから、お二人の気持ちがいちばん大切です」

私はそのように伝えましたが、それがお二人にとっての正解か不正解かは今も分かりません。実際、さまざまなお客さまがいらっしゃるなかで、医療関係や教育関係、行政関係にお勤めの人も多く、私たちプランナーが介入できる話ではないのは重々承知しています。それでも、お二人のためにできることを探したいのがプランナーであり、だからこそ解決策を見つけられない自分が歯痒く、プランナーの無力さを感じています。

ですが、たとえ無力でも「お二人のために」と思う気持ちを周りの人に伝えることはできます。コウジさんとモエさんの結婚式をお手伝いするにあたって、お二人がどんな想いで延期し、どんな想いで3カ月を過ごしたかをできるだけ多くのスタッフに伝えました。背景を知るとこれまで以上にお二人のためを思って、スタッフ一同、同じ温度感でもてる力を発揮してくれるのです。例えばメモリプレイでは、扉を開けて子役が登場する際の効果的なＢＧＭも、流し方のタイミングを間違えてしまったら、一気に台無しになってしまいます。司会者やサービススタッフも含め、すべてのスタッフが力を合わせてこそ結婚式をつくり上げていくことができるのです。

アルバイトのとき、私は会場でサービススタッフとして料理の提供や、結婚式当日のカップルのお世話をする介添を担当していました。

介添の仕事は主にドレス周りのケアと、会場内のアテンドをすることです。ヘアメイクスタイリストも、常にそばにいるわけではありません。チャペルや披露宴会場に移動するときも披露宴中も、お二人をいちばん近くでサポートします。物理的な距離が近く、お二人の感情の揺れを察知できる距離でもあるからこそ、情報があればもっと心くばりができるのではないか、ともどかしく感じていました。だからプランナーがこれまでどのような気持ちでお二人と接してきたか、お二人がこの結婚式でいちばんこだわっていることは何か、特にどの演出にお二人の思い入れがあるのかなど、ほかのスタッフと情報を共有することで、みんなが同じ温度感で寄り添えるのではないかと思ったのです。

そうしたサービスを通してお客さまが私たちの式場を選んでくださり、お客さまがつながっていくのはうれしいことです。目標は、ゲストでいらしたお客さまがご自身の結婚式を挙げるために再び来てくださることです。そして「この人に結婚式を任せたい」と、プランナーである私がその理由の一つになれたら幸せです。

感謝の伝え方は十人十色。
お二人らしく、大切な人に届ける

プランナーからのコトノハ

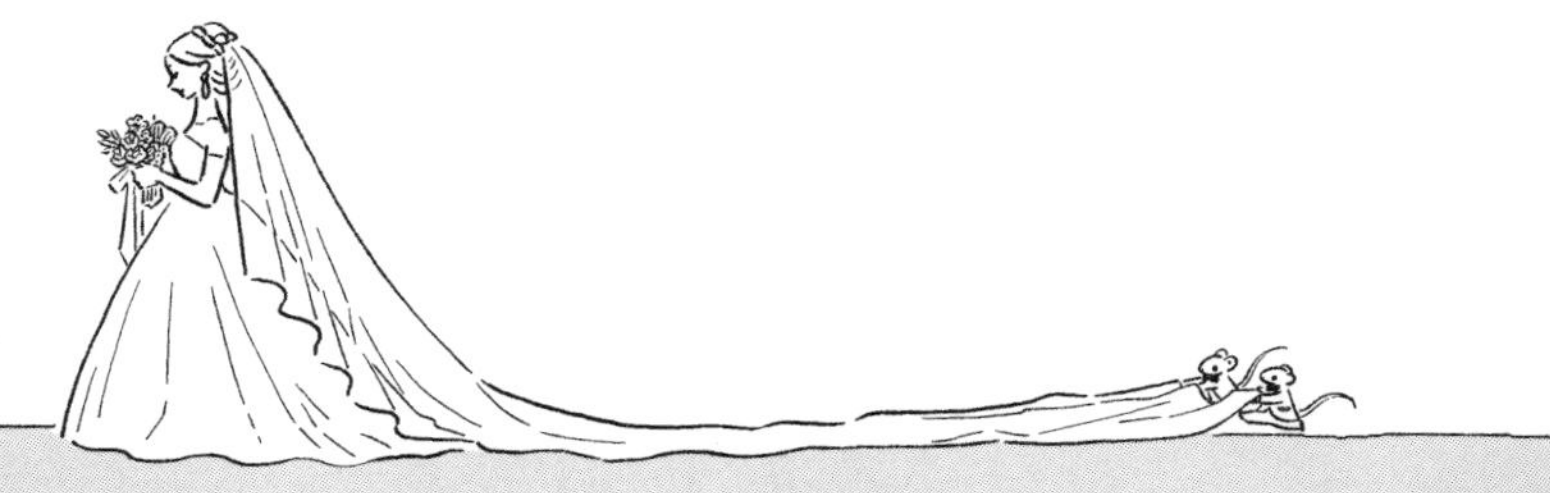

Story 5

延期を何度も乗り越えて生まれた最高の笑顔

ウェディングプランナー »» 南川舞子

遠ざかる本番

コロナ禍でたくさんのカップルが結婚式の中止や延期を余儀なくされました。お二人に結婚式を挙げたい強い想いがあっても、親族の反対や、開催による感染拡大の不安、世間への後ろめたさなどがあるからです。緊急事態宣言が初めて出されたのは2020年4月、直後から全国的に大規模イベントは中止や延期となり、結婚式から足を遠ざけざるを得なかった日々が思い出されます。

タケルさんとユリさんはともに20代後半で、いつも笑顔でふんわり穏やかな印象のお二人です。初回の打ち合わせは2020年の1月頃でした。お二人の希望は同年5月挙式でしたが、次回の打ち合わせ日程を決めるタイミングでコロナの第1波が来てしまったのです。お二人はご家族の意見にも耳を傾けていったん延期を決断され、世の中の状況が落ちつくことを期待して、ちょうど1年後の2021年5月のご予約をいただきました。

実は私は代打プランナーで、もともとお二人には別の女性プランナーが付いていました。彼女が産休に入ることになり、タケルさんとユリさんがコロナのために延期すると報告をもらったときにごあいさつしたのがお付き合いの始まりです。

5月ならば年明け1月から結婚式の進行打ち合わせをスタートするのですが、第3波は落ちつく様子もなく、ゲストからの返信も芳しくなく打ち合わせはなかなか始められずにいたのです。

コロナ禍以降、ウェディングも様変わりしました。なかでも顕著なのが招待状のやりとりです。主催者側の都合での中止や延期もありますが、出席予定のゲストも急に欠席となる場合もあり、封書での招待状ではなくより早くやりとりできるうえ、印刷工程もないＷＥＢ招待状が主流となってきたのです。もちろん封書の招待状がまったくなくなったのではなく、お二人の選択肢が増えたのです。

タケルさんとユリさんも一斉に招待状を送ったものの、時節柄、辞退する人が多く出席回答は少なかったそうです。ゲストのことを考えて結婚式の二部制案も出ていましたが、最終的には2度目の延期を余儀なくされました。どんな状況でも笑顔が絶えないお二人ですが、これにはさすがにショックを隠せない様子でした。

こうした状況に、私たちも決して手をこまねいていたわけではありません。

どんなときでも前向きに

コロナ第1波が始まった2020年3月は、5月のウェディング繁忙期を目前に私たちもスタッフ一丸となって結束を固めている最中でした。当然ながら私たちも初めての状況でどのように対応していくべきか、国の通達とにらめっこしながら方針を立てていました。

しかし、4月には緊急事態宣言が出され私たちは出社もままならずリモート勤務で、近々結婚式を予定しているお客さまからの問い合わせ電話の応対に追われる毎日でした。中止か、延期か、日取りはどうするか、料金はどうなるのか……。問い合わせのほとんどがそうした内容です。「では2カ月後にお願いします」と言われてもコロナ禍が終息する確証はなく、かといって1年後なら大丈夫かと聞かれても返答に詰まってしまうのでした。

ただ一つ希望が見えていたのは、緊急事態宣言中でも結婚式は禁止項目に挙げられていなかったことです。飲食店からスポーツジムまで幅広い業種に休業要請が出ていたものの、結婚式は対象外でした。不安に思い延期するお客さまはあとを絶ちませんでしたが、私たちのできることはお客さまが安心できる環境をつくることです。結婚式はコロナ禍でも安全に行えると結婚式場から発信していけば、カップルだけでなくご両親を含めたご家族への安心材料が増えるはずです。

ほかの企業と同じように、私たちも手探りで身近なことから感染対策を取り入れていきました。除菌スプレーは、披露宴会場はもちろん各所に設置し、人が触るところの定期的な消毒清掃と換気、スタッフの手洗い、うがい、検温、マスク着用を徹底しました。披露宴会場のテーブル全席にアクリル板も設置しています。

そうして私たちはコロナ禍でも万全の対策で結婚式が挙行されていることをムービーで撮影してホームページに掲載し、ＹｏｕＴｕｂｅやＳＮＳで発信することにしました。なにより、挙式予定のカップルには実際に会場を案内して、どのような対策を取っているか、プランナーから直接伝えることにしたのです。

しかし、いちばんつらいのはタケルさんとユリさんのような、結婚式を間近に控えたお二人です。私たちができることは、すべてのカップルたちの不安をできる限り取り除き、コロナ前と変わらない普段どおりの結婚式を挙行していくことに尽きます。

直接聞かされたことはありませんでしたが、タケルさんのお父さまがコロナ禍での結婚式に反対されていたようです。それでも「結婚式を挙げたい」というタケルさんとユリさんの強い気持ちは変わることはありませんでした。

「親や世話になった人たちに感謝の気持ちを伝えたいんだよね。俺もいろいろ迷惑掛けてきたから」

照れ笑いしながら、タケルさんが聞かせてくれたことがありました。結婚式という場を文字どおりライフステージの一つの節目と考えられているのだと思います。ご両親は、お二人のブレない気持ちや、どんな状況でも気持ちを前向きにして準備に取り組もうとしている姿、そして結婚式場がどんな感染対策を取っているのかを知って、ご理解いただけたようでした。そうして延期となった月日のなかでご両親も納得されて、結婚式準備に向けたお二人の想いに応えていただけました。

3度目の決断

2度の延期を経て、2021年9月に3度目の式の予定が決まったあと、育休に入っていた前任のプランナーがタイミング良く復職しました。年の瀬のあいさつに来てくれたタケルさんとユリさんの前に、担当復帰を知らせるため久しぶりに彼女が顔を出しました。「またお二人を担当できることになって、うれしいです！」という彼女のポジティブな姿にお二人も元気をもらったようで、「楽しみにしていますね！」と明るい表情を見せてくれました。

しかし良い方向に風が吹いてきたとホッとしていたのもつかの間、2021年3月には変異ウイルスによる感染が拡大し、まん延防止等重点措置が新たに執られるようになりました。この頃には結婚式を延期されていたカップルのなかから妊娠の報告をいただくことが多くなり、出産後に挙式を再度延期するケースも増えていました。そんな折に前任プランナーが第二子を妊娠し、再び産休に入ることになったため、再度私が担当となりました。

誰が担当を受けもったとしても、お二人の想いをカタチにする信念は変わりません。

9月に結婚式本番を控えゲストの出欠の変更も含めた最終確認をしていた7月、第5波が到来しました。一年の延期を経て東京オリンピック・パラリンピック競技大会が開催される頃には、連日ニュースが感染者数過去最多と告げ、タケルさんとユリさんが日に日にトーンダウンしていくのが見て取れました。

7月の終わり、タケルさんから連絡が入りました。

「また一年延期することに決めました。ほんと何度も何度もすみません」

電話口の向こうで、タケルさんが平謝りする姿が見えるようでした。そして、感情の行き場がどこにもなく、やるせない思いが沈んだ声のトーンに表れています。タケルさんのお父さまをはじめ、ご家族からの理解は得られていましたが、親族会議を開いて延期の決断に至ったようです。結婚式はお二人だけのものではないということをタケルさんとユリさんは十分承知したうえで、お二人の独断では決めたくなかったのだと思います。

「こちらこそ何もお力添えすることができず、すみません」

誰のせいでもないのに謝り合うことしかできないことに私たちは、どこか虚しさを感じざるを得ませんでした。

届かない友への想い

決して順調な道のりではありませんでしたが、2022年7月吉日、ようやくハレの日を迎えることができました。当初希望していた2020年5月から2年以上の月日が流れるなか、3回の延期を経て、やっとの思いで本番です。除菌スプレーやアクリル板も完璧にセッティングされた会場で、「前年のWEB招待状ではやむなく欠席の返信をしていた方々もご出席いただけた」と、お二人だけでなく両家のご両親も晴れやかな笑顔を浮かべています。

誰もがなんとかここまで漕ぎ着けたという思いのかたわらで、ユリさんだけは人知れず寂しい気持ちも抱えていました。本番2週間前、友人スピーチを依頼していたアヤカさんが新型コロナウイルスに感染し、欠席の連絡が入ったのです。アヤカさんとは学生時代から部活動もアルバイトも一緒で、家族ぐるみのお付き合いがあるほどの親友です。それだけにユリさんはアヤカさんが心配でしたし、とても落胆されていました。

お二人のやりきれない気持ちを受け止めながら、私は何か良い案はないかとアイデアを模索していました。コロナ禍以来、何組もこうした想いに苛（さいな）まれてきたことを悔しく思います。私たちプランナーはお二人に最も近い場所におり、どのような状況でも何かできることは必ずあるはずです。友人スピーチに代理を立てるのはおそらくユリさんの本意ではないなと思い、このように提案してみました。

「アヤカさまからお手紙をお預かりして、司会が代読することもできますよ」

「本人に聞いてみます！　いつまでに準備すれば大丈夫ですか？」

ユリさんは乗り気なものの、その頃、アヤカさんはホテルでの隔離生活に入り40℃近い熱と戦っているところでした。手紙を書くのもままならない状況に加え、もし手紙を書いてもらったとしても隔離されているホテルへ受け取りに行くのは可能なのか、誰が受け取るのかと、タケルさんとユリさんが話し合いをされたようです。

翌朝、ユリさんから「無理は言えないから友人スピーチは諦めます。ほかにもたくさんの方々が来てくださるので、頑張ります！」と連絡が届いていました。

文章に余計な感情は書かれておらず、努めて明るく「頑張ります」と結んではありましたが、「諦めます」の文字に私は驚いてしまいました。これまでどんな状況でも、ユリさんから聞いたことのない言葉だったからです。

コロナ禍で幾度となく延期を決断するときも「仕方ないですね」ときり替えて、いつも前向きな姿を見せてくれたお二人です。担当に就いてからの2年間、たくさんのカップルがやむを得ず結婚式を諦めるのを目にしてきました。そうしたなか、お二人の諦めない強い姿勢にこちらが励まされたことも幾度となくありました。

――なんで、最後の最後でこうなるんだろう……。

10年以上ウェディングプランナーの仕事に携わってきた私はお二人の想いをカタチにするために、その都度知恵を絞り全力で臨んできたつもりです。それでも力が及ばないことに、プランナーとして無力感を噛み締めました。

涙の祝福メッセージ

本番が目前に迫ったある日のことです。ユリさんから友人スピーチを頼まれていたアヤカさんより私宛に電話が入ったのです。アヤカさんは隔離療養を終え陰性証明が出たことを報告してくださったあとに、このようにご相談をされました。

「結婚式への出席は遠慮したほうがいいと思うんですが、会場の中に入ってスピーチだけ読ませてもらうことはできませんか？　私、ユリとは家族ぐるみの仲なんです。ユリは本当に優しい子で、お互いつらいときは励まし合って、うれしいことは一緒に喜び合ってきました。結婚が決まったときも一緒に泣いて喜んで、延期になってつらかった気持ちも私はタケルさんと同じくらい知ってるつもりです。陰性ではあるけど、まだ体調は万全でないので行くべきではないとも思っています。でもどうしても直接おめでとうって伝えたいんです」

「アヤカさん、ありがとうございます。ご決断してくださってユリさんもきっと喜ばれると思います。当日、控室をご用意しますので、到着されたらご連絡くださいね」

私は迷わずそう言いました。会場の感染対策は万全で、アヤカさんにソーシャルディスタンスを守ってもらえば問題ありません。

もしアヤカさんが隔離期間中であれば、ゲストやスタッフのことも考えてそうは決断しませんでしたが、私は会場の責任者として「問題なし」と判断したのです。プランナーは披露宴の演出や進行だけではなく、式全体、会場全体の責任者です。たとえ自分が招いた出来事ではなくとも、サービス上の失敗から演出上のアクシデントまで、トータルでウェディングプランナーの責任なのです。私はアヤカさんの申し出を受け、タケルさんとユリさんには内緒で進行表にサプライズ演出を組み込みました。

和やかな歓談タイムの途中、不意に照明が暗転すると司会者からの紹介が始まりました。

「実は本日、諸事情によりご出席できなかったゲストの方が、ユリさんのために急遽駆けつけてくれました！　どうぞお入りください！」

扉にスポットライトが当たり、ドアが開くとそこにアヤカさんが立っていました。ユリさんの親族テーブルから「あ！」という声が上がり、小さなザワつきが起こりました。いるはずのないアヤカさんの姿を見て、ユリさんの涙腺は崩壊寸前です。アヤカさんも涙をこらえ少し照れながら司会者に促されてスタンドマイクの前に立ちました。

「式場に無理を言って、このタイミングだけ参加させていただきました。タケルさん、ユリ、ご結婚おめでとうございます。そしてご両家の皆さま、おめでとうございます。今日という日を迎えるまで長い足踏み状態が続いたと思います。どんなときも二人が寄り添い、支え合っている姿に私も勇気をもらいました。タケルさんに一つお願いがあります。ユリは家族想い、友達想いで、いつも自分のことを後回しにしてしまいます。それで時々損をしてしまうことがあります。だからタケルさんはどんなときもユリを一番にしてあげてください。ユリ、末永くお幸せに！」

アヤカさんは手紙を読み終えるとお二人の間に収まって記念撮影し、手を振りながら退場されました。来ないと思っていた親友のまさかの登場というサプライズにユリさんの目からは大粒の涙が止まりません。しかし、涙を流しながらも、とびきりの笑顔を見せてくれました。最後の最後のどんでん返しに私も心からホッとしました。

2年がかりのサプライズ

3度の延期を乗り越えて迎えたタケルさんとユリさんの結婚式で、延期前に最も先に決まっていた演出がありました。1度目の延期が決まる前に、前任者のプランナーのもとにユリさんのお母さまから直接、連絡が入りました。

「ユリには内緒でビデオレターを作りたいんです」

「せっかくなので直接、会場でお読みになりませんか？」

前任者が提案するとそれはできないと頑（かたく）なに断られたそうで、そのまま「サプライズ演出／お母さまムービー」と書かれた裏進行表が私の手元に引き継がれてきていたのです。そして2年後、お母さまから今度は私に直接、電話が掛かってきました。

「前にも少しお話ししていたんですが、ユリへのメッセージ動画を作ったんです。今度お届けしてよろしいでしょうか？」

本番まで2カ月をきった頃で、進行表の大筋が固まったタイミングでした。

「ありがとうございます。ではお届けいただく日に試写されますか？」

主役のお二人やゲストが直接作られたムービーは、音声チェックも兼ねて事前に試写をするのが通例です。お母さまにも提案したところ、ユリさんのお姉さまの結婚式でムービーを作成した際も試写の経験があり、「ぜひお願いします」とのことでした。

試写は実際の会場でロールスクリーンに映写します。スクリーンに映し出されたのは、ユリさんの幼い頃からのエピソードで当時の画像も盛り込まれ、お母さまの娘への想いがつづられた、とても温かなムービーでした。撮影や編集はユリさんのお姉さまが手伝ってくれたそうです。試写にもかかわらず、お母さまは自作のムービーを見ながら涙を流されていました。

「だからね、だめなんです。本人を目の前に手紙を読むなんて泣いちゃうから。私だけじゃなく、ユリも絶対泣いちゃうわ。うちは家族全員涙もろいんです」

本来、こうしたサプライズムービーはユリさんからお母さまへの手紙朗読の直前に盛り込みたい演出です。ゲストも巻き込んで感動のボルテージを上げる意味でも、その順序が最適でした。しかし、その進行ではユリさんの涙腺がもたず、大事なお母さまへのお手紙を読めなくなるかもしれません。そこでお色直しでの中座のあと、フォトタイムが終わった頃にムービーを流すことにしました。お母さまの予想どおりユリさんだけでなく、ご家族全員が温かな涙でハンカチを濡らしていました。

ウェディングドレスでは友人スピーチに泣き、華やかな和装ではお母さまのムービーに泣いていたユリさんには、3度の延期を乗り越えた万感の想いがあったと思います。やっとできたという安堵感と背中合わせで、どこか諦めの気持ちも折り合いをつけてきた複雑な感情もあったはずです。そうしたすべての想いをゲストの皆さんの温かい拍手が包み込んでくれました。

タケルさんとユリさんの結婚式は、自分たちの意思とは関係なく、諦めなければいけないことがたくさんありました。しかしお二人はたび重なるアクシデントに負けることなく、最後まで走り抜けました。これからもプランナーとして、お二人のために自分ができることは何かを追求し、挑戦し続けたいと思います。

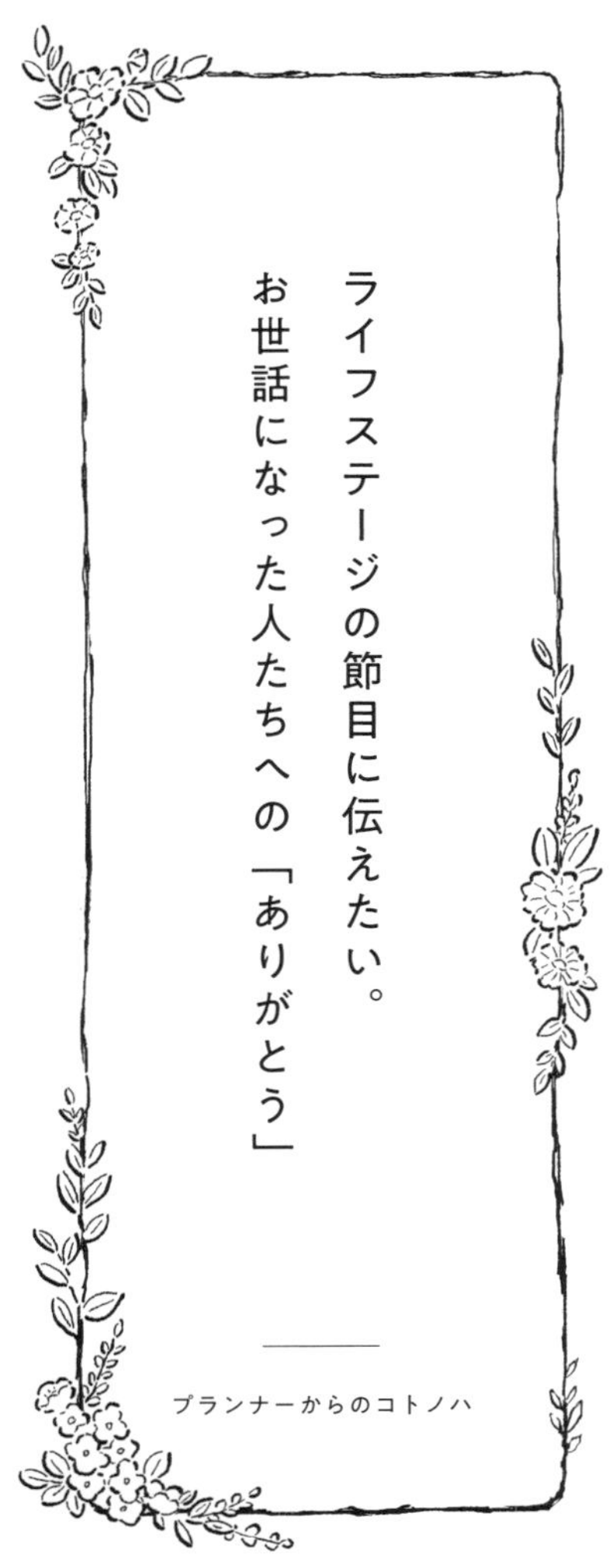

ライフステージの節目に伝えたい。
お世話になった人たちへの「ありがとう」

プランナーからのコトノハ

Story 6

〝傘の日〟──手作りのグッズに彩られた結婚式

ウェディングプランナー ≫ 木下愛梨

安心こそ思いやり

特別支援学校で教職を務めるフウマさんと保育士のカズミさんはともに26歳です。お二人は2022年6月の結婚式に向け準備に一生懸命取り組まれていました。

当時、教育関係者の間ではコロナ禍での結婚式に懐疑的な風潮があったようで、初回の打ち合わせからお二人は式場の感染対策をとても気に掛けていました。挙式参列に対する友人の不安やこの時期に職場の人を招待することの良し悪しなど心配事は尽きません。その最たるものが、自分たちの結婚式でクラスターが発生してしまうことへの懸念です。時期的にナーバスになるのはもっともなことですが、それでもお二人が、自分たちは二の次で、常に周りの人を気に掛けていることに心を打たれました。

フウマさんとカズミさんが、少しでも安心して結婚式ができるようにまずは実際に披露宴会場をご案内することにしました。感染対策は式場見学に来たお客さま全員に行っており、フウマさんとカズミさんも体験済みです。感染対策を踏まえたうえでより詳しく説明することで、お二人の不安を取り除こうと考えたのです。

換気はガーデンの窓や会場扉を開け定期的に実施していること、マイクや扉のドアはこまめにアルコール消毒を徹底していること、飛沫対策としてアクリル板のパーティションをテーブルごとに用意していることなどを伝え、お二人の不安がなくなるように努めました。また、ゲストへの招待状にはコロナウイルス対策についてのガイドラインを同封していることや、結婚式当日は司会者から対策について会場アナウンスをするので、ゲストの方にも安心して出席してもらえることをお話しするとお二人はようやく気持ちが楽になったようです。結婚式をつくることはお二人にとっても初めてのことなので、お二人との会話を大切に、一つひとつ演出のテーマを決めていきました。

ゲストへの初めての贈り物

6月の結婚式に向けて打ち合わせがスタートしたのは2月です。約4カ月で準備を進める必要があり、ゲストの人数が決まったらさっそく招待状の用意です。「招待状はゲストへの最初の贈り物なんですよ」と伝えると、ペーパーアイテムのサンプルを見ながらお二人の招待状選びにも力がこもります。

「これ、雨っぽくて好きかも」

「6月にぴったりだよね」

選ばれたのは水彩画タッチの招待状でした。お二人とも6月生まれだそうです。

「だから二人とも6月がすごく好きなんです」

にこやかに話すフウマさんの言葉を受け、「それをテーマにしましょう!」と提案しました。お二人ともその案をとても気に入られ、招待状のデザインをもとに連想ゲームのように次から次へと6月から思い浮かぶキーワードを出してくれたのです。雨、雲、雫(しずく)、色なら水色や白、花ならアジサイ……そうしたイメージが膨らみ、今度は装花やクロスなどテーブル周りのコーディネートを決めていきます。

「木下さん、6月11日が傘の日だって知ってました？　調べたら傘の日でした！」

次の打ち合わせで、カズミさんが開口一番にそう教えてくれました。「すてきですね、演出に傘も盛り込んでいきましょう！」と、演出の構想がどんどん立体的になっていきます。折り紙が得意なカズミさんが手のひらサイズの傘を折ってウェルカムスペースに飾る案や、相合い傘での入場など、さまざまなアイデアが出てきました。

お二人には安心して結婚式当日を迎えてもらわねばなりません。そのためにも私自身、結婚式のプロフェッショナルである自覚をもち、日々の事前準備に励みました。

本番前日、私は一人で会場の最終チェックに入りました。ウェルカムスペースは記念撮影用の映えスポットが見どころです。背景には白い風船を雲に見立て、ソファの両サイドには水玉模様の傘を配しました。画用紙と糸で表現したのは雨の雫で、お二人の手作りです。6月の空模様のようなしつらえが、まずはゲストの皆さんをお出迎えします。

結婚式全体を華やかに演出してくれるテーブル装花は、専属フローリストがアジサイを中心にコーディネートしてくれました。水色のアジサイにアレンジした黄色く丸いクラスペディアと白のカスミソウの差し色がとてもすてきに仕上がっており、お二人が喜ぶ姿が目に浮かびました。席次表や席札、お料理のメニュー表もコンセプトに合わせて水色の水彩柄で涼しげにまとめてあります。

「これ、招待状と同じだって気づいてくれたらうれしいなぁ」

ペーパーアイテムはカズミさんがそう言いながら決めました。テーブルにはゲスト一人ひとりに宛てたメッセージカードも置かれてあります。一般的にメッセージカードは「来てくれてありがとう」「楽しんでいってくださいね」などといった一言スタイルが主流ですが、フウマさんとカズミさんは、友人だけではなく親族はもちろんお子さまゲストにも、一人ずつ丁寧に想いをつづられました。こうして心のこもったおもてなしの準備が万全に整ったのです。

傘の日ウェディング

6月11日、傘の日ウェディングの当日を迎えます。コロナ禍ということもあり欠席者を覚悟していたお二人でしたが、90人のゲストのうち欠席者はゼロで、幸先良いスタートとなりました。集まってくれたすべてのゲストに楽しんでもらい、感謝を伝えることを一番に考えてきたお二人だからこそ、自分たちをお披露目するというより、ゲストをおもてなしするための演出をたくさん盛り込んだのです。

会場扉にスポットライトが当たり、お二人が現れると思いきやガーデンから入場するというサプライズから披露宴は始まりました。

お決まりの友人スピーチにも、フウマさんとカズミさんらしいアレンジを加えます。「頑張って手紙を書いてもらったり、当日緊張しながら読んでもらったり、一人に自分たちの結婚式で負担を掛けたくないんです」

打ち合わせのとき、お二人から聞かされて私が提案したのはテーブルスピーチでした。一般的に友人代表がお一人かグループでスタンドマイクの前で話すのが友人スピーチです。今回は司会者が友人席まで来てくれて、お二人についての質問を何人かの友人と受け答えをするテーブルスピーチを行いました。質問は幼い頃はどんな子だったか、学生時代の思い出などシンプルなもので、スタンドマイクで話すよりも負担は少ないはずです。スピーチを依頼した友人は人前で話すのが得意ではないほうだと聞いてはいましたが、無事に思い出話が語られました。

王道の演出でも、「傘の日」のコンセプトを織り込んでお二人らしさをプラスしていきます。結婚したカップルの最初の共同作業といわれるケーキカットとセットの演出として、ウェディングケーキを食べさせ合うファーストバイトもその一つです。もともと「一生食べるものには困らせない」「一生おいしい料理を作ります」という意味があるそうですが、ジェンダーレスの時代になってからは、従来のような性別による役割分担意識ではなく、お二人に合った意味を込めることが増えています。

とにかくゲストが楽しめる結婚式にしたいのが、フウマさんとカズミさんの想いです。ゲストリストを作成中に6月生まれが10人ほどいると気づいたのをきっかけに、ファーストバイトを自分たちだけでなくゲストを巻き込むスタイルに変更しました。なかにはお二人の結婚式と同じ6月11日が誕生日のフウマさんの従弟もいることが発覚し、ファーストバイトのあとにバースデーバイトを内緒でやろうと計画していたのです。司会者に突然名前を呼ばれ、ウェディングケーキの前へ出てきた従弟に、フウマさんがケーキを一口食べさせるというものです。当日は参列者全員から「お誕生日おめでとう！」の言葉と拍手が贈られ、急な展開に驚きつつも、とてもうれしそうでした。

また、6月生まれ全員にブーケプルズのサプライズも用意しました。ブーケプルズは複数のリボンの先に当たりのブーケがあり、当たりを引いたゲストがブーケをもらえるというものです。人数分だけ用意されたリボンの端を参加者が1本ずつ選んで持ち、司会者の合図で同時に引っ張ります。

お二人はくじの景品としてブーケとクッキーを用意し、ブーケプルズに当たった人と誕生日の従弟にはブーケを、外れた人には参加賞としてクッキーを渡します。6月生まれの全ゲストへ誕生日プレゼントを贈ろうというお二人の計らいに、会場中がほっこりと優しい雰囲気に包まれていました。

ゲストの笑顔は二人の笑顔

進行表を作成していくにあたって、お二人の想いを尊重し、なにより意識したのはゲスト全員同じ温度感で楽しんでもらうことです。そこでお色直しでお二人がいったん中座されるときは、エスコート役にフウマさん、カズミさんのご姉弟に登場してもらいました。偶然にもお二人ともお姉さま、弟さまの3人姉弟でしたので、スクリーンに幼い頃のご姉弟の写真を順に映し出し、退場してもらいます。写真と同じポーズを取ったり、手をつないだり、肩を組んだり、和気あいあいとしたシーンになりました。

そしてお色直しを挟んだ後半には、お二人にまつわるクイズ大会を用意しました。シャイなゲスト同士でも親しく打ち解けてもらえるようにとテーブル対抗にしました。

「今日はなんの日?」「結婚式に向けてダイエットに励んだお二人が今いちばん食べたいものは?」といった簡単な4択クイズはたいへん盛り上がり、正解数が多いチームにはアイスクリーム商品券が贈られました。

お二人の成長を思い返し、ハレの日を喜んでいるのは親御さまだけではありません。おじいさまやおばあさまも同じです。

「コロナ禍でずっと会えてなかったおじいちゃんやおばあちゃんとも、ちょっとでも話せる時間があったらいいな」

打ち合わせの際にカズミさんが何気なくつぶやいた想いも、しっかり叶えるべく、お二人がゲストの席を回るテーブルフォトラウンドを進行の終盤に組み込みました。親族席はお二人の席からいちばん遠く、おじいさまもおばあさまももっと間近でお孫さんの晴れ姿が見たいはずです。そこで長い接触をせずとも思い出に残るものになるように、お二人が皆さんのテーブルを回る時間を設けました。おじいさまやおばあさまと楽しそうに話されるカズミさんの笑顔に、フウマさんもうれしそうでした。

しゃぼん玉とちぎり絵

「最終の進行表です。明日はこれでいきましょう！」

進行表は３人で何度も見直しました。実は本番前日お二人にお渡しした進行表には載せていないサプライズ演出があったのです。

挙式披露宴まで1カ月をきった頃に、フウマさんと同じ特別支援学校で教壇に立つ佐藤先生から思いがけない申し出がありました。

「できることなら、当日に特別支援学校の生徒たちを連れていきたかったんです。でもコロナ禍なのと保護者なしでは動きづらい生徒もいて、それは実現できそうにないと断念しました。ですが、生徒たちも非常に残念がっていて、みんなでメッセージを書いたんです。生徒は10人ほどなんですが、当日、それを読み上げる時間をいただくことはできないでしょうか？　できればフウマ先生には内緒で」

聞いた瞬間、お二人のうれしそうな表情が目に浮かびました。私は迷わず「大丈夫ですよ、お任せください！」と二つ返事でお受けしました。しかし進行表は思いのほかぎっしりと組まれ、どこにサプライズを入れようか、頭を抱えることになりました。――前半は祝辞やスピーチが中心でケーキカットまでは分刻みだから、ここに組み込むとゲストの皆さんがゆっくり食事を楽しめなくなる……。お色直しで切り替わる後半のほうがよいと思うけれど、終盤はカズミさんのお手紙タイムに向けてクイズ大会で進行の流れをうまく調整しておきたいし……。

進行表を見ながら時間配分と全体のバランスを微調整し、お色直し入場のあとに佐藤先生からのサプライズを組み込むことにしました。

お色直し入場もこの傘の日ウェディングの見せ場です。

真っ暗だった会場が明るくなると、カラードレスを着たカズミさんが、フウマさんと虹色の相合い傘で入場しました。そのとき、しゃぼん玉マシンを用いてバブルシャワーの演出も加え、会場内が虹色の泡で覆われたようなロマンティックな空間が出来上がりました。もちろん、しゃぼん玉の液も植物性で口に入っても大丈夫なことやシミにもならないことを伝え、実現に至りました。

しゃぼん玉が降り注ぐなかを、お二人が歩きながら虹を架けていく演出は大成功で、会場では歓声が上がっていました。

「ここで祝辞が届いておりますので、お読みいただこうと思います。フウマさんが担任を務める特別支援学校1年1組の生徒さまからです。佐藤先生、よろしくお願いします！」

司会者のアナウンスとともに、主賓席から佐藤先生が歩いてきます。その姿にフウマさんとカズミさんはとても驚かれていました。進行表に入っていない演出は無事に大成功となりました。

佐藤先生は生徒たちが今日ここへ来られないことを残念がっていたと伝えると、「僭越ながら代読させていただきます」と、一人ひとりのお手紙を読んでくれました。フウマさんが普段からいかに生徒一人ひとりに寄り添い、励まし、生徒たちからどれほど尊敬されているかがうかがい知れるお手紙でした。佐藤先生はすべてを読み終えると、「改めて、ご結婚おめでとうございます」と言いながら、生徒さんから預かってきた一枚の絵を手渡しました。それは、和装姿のフウマさんとカズミさんを象ったちぎり絵で、一生懸命力を合わせて作ってくれたことが分かる力作です。お二人の周りには色とりどりのアジサイが飾られ、ぬくもりのあるすてきな絵でした。

手紙を聞いていたときは照れ笑い交じりに終始ニコニコしていたフウマさんは、作品を見た瞬間、人目もはばからず涙を流されました。

お二人の涙に、打ち合わせを重ねてきたこの4カ月が走馬灯のようによみがえり、私も泣きそうになるのをなんとかこらえて見届けました。お祝いのちぎり絵はそのままウェルカムスペースへ置くと、まるで最初からそこにあったかのように、お二人のつくった空間にしっくりなじんでいました。

プランナーにできること

結婚式の翌日、フウマさんとカズミさんが改めて式場を訪れ、「ありがとうございました！」と書かれたメッセージカードとともに私のネーム入りのペンとお菓子をサプライズプレゼントしてくれました。そしてお二人はこう言ったのです。

「司会者さんにもヘアメイクさんにも、お花屋さんにもお世話になったのに、お礼を用意していなかった！」

その後、日にちが経たないうちに、サービススタッフの分も含めて、それぞれ違うお礼の品を大きな袋いっぱい届けてくれました。スタッフにとって、とてもうれしいサプライズです。

いつもゲストのことを一番に、どうやったら喜んでもらえるか、どうやって感謝を伝えようかと考えているお二人と一緒に悩み、考えながらお手伝いをさせていただいた4カ月間でした。退場されてきたお二人が掛けてくれた「木下さんに担当していただいて本当に良かったです」という温かい言葉は、その後の私のモチベーションとなっています。


私が入社したのは2020年春で、新型コロナウイルスの不明な部分は多く、対策も取れず先の見えない時期でした。不穏なまま、大学の卒業式も中止になり卒業旅行も行けず、入社式も中止どころか緊急事態宣言後は出社も許されず、新人研修もリモートです。プランナーに憧れて入ったブライダル業界で入社早々、私は結婚式がどういうものなのか分からず、心細く感じていました。しかし、コロナ禍でも結婚式が少しずつ増え、何もできない時間が数カ月あったからこそ、ようやく担当をもたせてもらえるようになったときは本当にうれしかったことを覚えています。

仕事をひととおり経験した頃、携わったのがフウマさんとカズミさんの結婚式でした。「以前は200人が当たり前だったんだよ」「繁忙期は1日8組行われることもあった」と、先輩が話してくれるものの、私にとってはコロナ禍での結婚式が初めてで、コロナ禍以前の結婚式は、想像のなかの世界なのです。

以前の結婚式も知らない、まだ経験も浅い私だからこそ、結婚するお二人には「この人に聞けば大丈夫」と思ってもらえるよう、お二人に寄り添えたらという想いが強くなるばかりです。

現場で心掛けているのは、いつでもお二人と同じ視点に立ち、お二人の気持ちを尊重し、なるべく具体的に分かりやすい言葉で提案することです。結婚するお二人とは何カ月も同じ月日を過ごすことになります。お二人が表面には出さないけれど心の底で思っておられる感情や希望を引き出せるような、安心感を与えられるプランナーでありたいと思います。

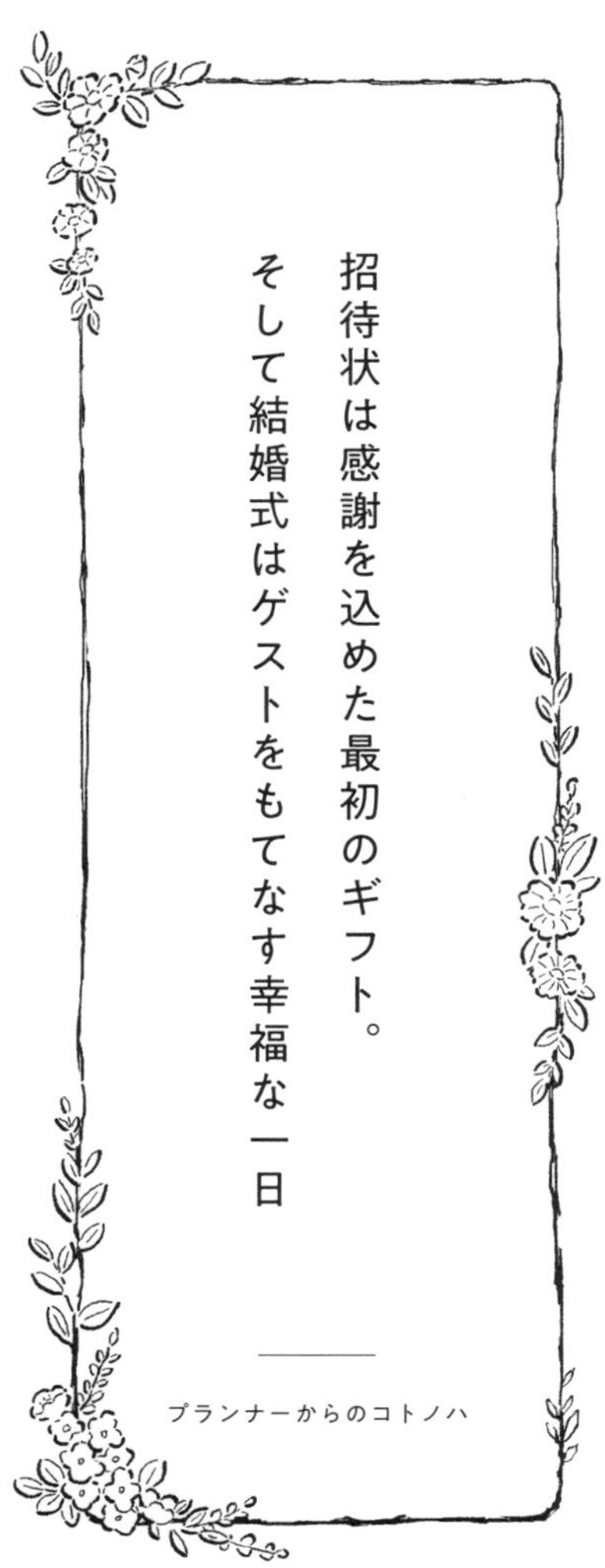

招待状は感謝を込めた最初のギフト。
そして結婚式はゲストをもてなす幸福な一日

プランナーからのコトノハ

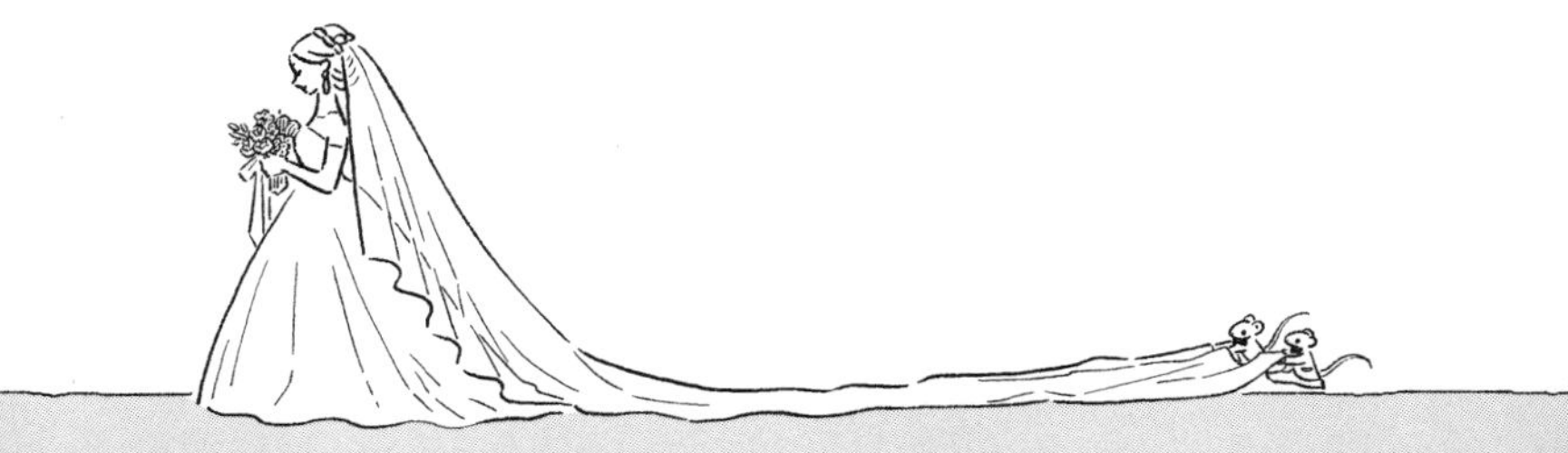

Story 7 兄の涙

ウェディングプランナー》》渡邉愛里彩

始まりを大切に

8月のとある昼下がり、ラウンジはいつも以上に活気に溢れていました。プロデューサーもウェディングプランナーも会場見学や打ち合わせが立て込み、あちらこちらの席で接客中です。この年の春に入社した、プランナー1年目の私は各テーブルへドリンクを運びつつ、先輩たちの打ち合わせの進め方にそっと耳を傾けていました。

そのときやって来たのが、ヒロノリさんとカナさんでした。まだヨチヨチ歩きの小さな女の子の手を引いて、3人で楽しそうにロビーへと入って来られたのです。こちらのご家族が私にとって初めて担当となるお客さまです。私は動揺を隠しきれず時計を見ると、時刻は午後2時を5分ほど過ぎたところでした。

「2時頃にご来館されるカップルが初めてのお客さまだね、頑張って!」

この日は先輩からそう励まされていたものの、ヒロノリさん、カナさんご家族が目の前にやって来られたのを見て、私はちゃんと接客できるのか、これからすてきな結婚式をリードしていけるのか不安な気持ちでいっぱいになっていました。

——もう、やるしかない。

そうつぶやいて腹をくくると近くまで歩み寄り、笑顔で迎えました。

「こんにちは！　2時にご予約いただいた佐竹さまですね。お待ちしていました」

憧れだったウェディングプランナーになって4カ月、先輩の打ち合わせに同席してきたのでやるべき業務は頭に入っています。しかし、一人でお客さまの応対をするのは初めてで、不安と緊張でドキドキが止まりません。とはいえお客さまにこの不安を悟られるわけにはいきません。何事も最初が肝心なので、頼りないと思われないよう、できるだけ落ちついた声のトーンで、話し方はゆったりと表情はにこやかに人生初となる単独での打ち合わせに臨みました。

お二人はともに30代で、コロナ禍に婚姻届を提出し、1歳半になるカエデちゃんとの3人家族です。マイペースなヒロノリさんとしっかり者のカナさんは、どことなく雰囲気の似たカップルです。コロナ禍が落ちつくのを待っての結婚式ということもあり、ようやく新たな家族をお披露目できることをお二人そろってとても喜んでいる様子で、演出についてはこちらから提案していく方法で進んでいきました。

この頃の私は、まだ友人の結婚式に参列した経験がなく、実際に生で演出を見たのはサービススタッフ研修で会場に入ったときが初めてでした。演出プランを提案するにあたってはＳＮＳの情報が役立ちそうでしたが、調べるにもお二人についての情報がありません。私はお二人に好きな食べ物や好きな音楽、得意なスポーツなど身近な話から質問し、自分との共通点を見つけては会話を膨らませていきました。

不安にさせない努力

お二人の想いをカタチにするためには、お二人のことを知り、心の距離を縮めていくことが第一です。そして進行をつくり上げていくうえでは、お二人が何をいちばん大切にしたいかが鍵となります。衣裳をしっかり見せたい、ゲストの方々とゆっくりお話がしたい、記念撮影の時間を多めに取りたいなど、ご要望を引き出しながら、お二人の心に響いたものを軸に演出内容を固めていきました。

打ち合わせでは、お客さまからプランナーへさまざまな疑問が投げ掛けられます。現場経験の浅い私は即答できることは少なく、カナさんの顔に不安な表情がよぎるのが分かりました。

――私のわずかなためらいや動揺が伝わってカナさんを不安にさせてしまう。

そう気づいてからは、お客さまを不安にさせないためにも分からないことは「こちらは確認が必要ですのでいったん持ち帰りますね」と伝えるように工夫しました。そして、上司や先輩から指示されたアドバイスを自分なりに噛み砕いて提案するようにしたのです。

カナさんに、「子どもと一緒にできるような演出はないでしょうか」とご相談を受けたときも、ファミリーウェディングに詳しい上司とミーティングを重ね、後日演出プランをお伝えしました。お子さまを抱っこしての入場・退場や挙式でのリングガールといった演出は、お二人そろって気に入ってくださり即採用となりました。

混迷のレイニー・デイ

ヒロノリさんとカナさんとの打ち合わせには心地よい緊張感があり、毎回プランナーとしての気づきをもらえる時間でした。結婚式までの4カ月間はあっという間に過ぎ、いよいよ明日は本番という日、私は無事に明日を迎えられるかという不安で押し潰されそうでした。高ぶる気持ちを落ちつかせようと、セッティングが完了した会場で引出物などの最終チェックをしながら、ふとガーデンの景色に目をやりました。

——明日晴れるかな。

不意に思い浮かんだ言葉に胸がざわざわとして、スマートフォンを取り出して急いで天気予報を確認すると、傘マークが出ています。

——え？　雨？

明日の披露宴は娘のカエデちゃんと3人でガーデン入場から始まる予定です。カエデちゃんに初めて会う親族も多いと聞いています。

「ヒロノリさんがカエデちゃんを抱っこして登場したら会場は沸くだろうね」

　つい先日もカナさんとそう話していたばかりです。雨が降ったらガーデンからの入場ができなくなるのでは？と不安になり、私は大慌てで事務所へ駆け込み、「雨のときはどうしたらいいんでしょうか？」と先輩たちに聞いて回りました。

「渡邉ちゃん、いったん落ちつこうか」

　一人の先輩がそう言ってほほえむと、ガーデン側の大窓の外側には庇程度の屋根があるので、吹き込むほどの雨でなければガーデン入場はできると教えてくれました。なので明日の空模様を見て決めることになりました。ブーケトスやフラワーシャワーもガーデンで行う予定でしたが、ウェディングドレスとゲストの皆さんの足元に配慮して会場内での実施に急遽変更しました。

　迎えた結婚式当日は案の定、朝から雨模様でした。せめて不安な気持ちが顔に出ないようにと、努めて笑顔でいると、「雨、降っちゃいましたね～」と来館されたヒロノリさんが開口一番言いました。やはりお二人もガーデン演出ができるかどうかを心配されていたので、「ガーデンで予定していた演出も別のやり方で行っていきますのでご安心ください」と努めて明るく説明しました。ヒロノリさんは少し安堵した様子でしたが、ぼんやり窓の外を眺めていたカナさんの表情は曇ったままです。

カナさんから私宛に電話が掛かってきたのは、本番間近の木曜日でした。カナさんには1歳上のお兄さまがおられ、結婚式にも参列予定でしたが、その10日ほど前に新型コロナウイルスに感染してしまい、やむなく欠席が確定したのです。お兄さまもまた、自身の結婚式を控えていましたが、兄妹別々の会場だったこともあり、互いの式に列席することをとても楽しみにしていたそうです。

カナさんの電話は、お兄さまにようやく陰性証明が下りたとのことで、会場入りは無理だとしてもなんとかウェディングドレス姿を見せられないかというご相談でした。
「外からでもいいんです。少しでいいので兄に見せることはできませんか？」

カナさんの言葉の端々に、コロナ禍という状況下でゲストとの接触の心配や、それでもお兄さまに見てほしいという葛藤がうかがえました。幸い、会場は大きなガラス窓に囲まれており、外のガーデンのどこからでもパーティーを見ることができます。

「カナさんのお席に近い窓の外から、ご入場の様子を見ていただきましょう」

そう提案すると、「お願いします！」と電話口からカナさんの明るい声が聞こえ、私もホッとしました。

開始1時間前、朝からの雨はやむ気配もないまま、会場には結婚式を楽しみにしているゲストが到着し始めていました。ガーデン入場ができるのか、できなくなって室内扉からの入場になるのかは、ギリギリまで空の様子を見てマネジメントディレクターの判断に委ねられることになります。やきもきしつつも、私にできることは、カナさんの支度部屋にこまめに顔を出して状況を伝え、カナさんからお兄さまが今どうしているのかを尋ねることだけでした。

入場5分前の奇跡

お兄さまは会場近くの駐車場に車を停め、お義姉さまとともにカナさんからの連絡を今か今かと待っています。まだ体調が万全ではなくシートを倒して休んでいると、スマートフォンの待ち受け画面が光りました。

「お兄ちゃん？　カナです。やっぱりだめみたい。ガーデン入場ができないみたいだから、お兄ちゃんに外から見てもらうのも無理かも……。せっかく来てくれたのにごめんね。お義姉さんにも謝っておいてね」

電話の向こうで残念そうに話すカナさんからそう聞かされ、お兄さまは仕方なく自宅へと引き返されたそうです。

同じ頃、私はマネジメントディレクターの判断を受け、大急ぎでお二人の控室をノックしてドアが開ききるのも待たずに声を上げました。

「カナさん！　ガーデン入場は残念ながら中止です。でも、入場前に窓からではなくちょっと離れたスペースからでしたら、お兄さまとご対面できますよ！」

私がそう伝えると、ヒロノリさんは困惑を隠せず、言葉も出ません。

「兄に帰っていいよって、今さっき連絡しちゃいました」

急な展開に驚きながらも、カナさんはポツリとそう言ったきり黙り込んでしまいました。お二人の喜んだリアクションを想像していた私は、思わず、え？と驚いてしまいました。焦るカナさんに、ヒロノリさんが冷静に声を掛けます。

「お義兄さんを呼び戻そう、今ならまだ近くにいるかも」

この時点で入場15分前で、披露宴の開始時刻は刻一刻と迫っています。

私は会場の扉前までお二人を誘導するのを式場スタッフに任せ、お兄さまが来られるのを待つために駐車場に行きました。しかし、入場10分前になってもお兄さまが現れる気配はありません。そうこうしているうちに、会場内ではお二人のプロフィールを紹介するオープニングムービーが始まってしまいました。そのときです。

「カナ！」

扉前で入場のスタンバイをしていたカナさんが振り返ると、ロビーにお兄さまとお義姉さまが立っています。実はギリギリになって到着されたお兄さまを私は急いでお二人の入場場所へと案内できたのです。兄妹の対面が叶ったところで会場の扉が開こうとしています。

ソーシャルディスタンスの面で近づくことはできませんでしたが、「来てくれてありがとう！」とカナさんが大きな声で言うと、お兄さまは泣き出してしまいました。カナさんも涙をグッとこらえ、次の瞬間、扉が開くと、笑顔で入場されていきました。

「お二人のお写真を撮ってきますね！」

私はお兄さまからスマートフォンを借りると、ヒロノリさんとカナさん、そしてカエデちゃんの３人が入場する様子を撮影しました。本来なら親族席から見るはずだった光景をお見せすることができ、大満足の入場となりました。

ウェディングの神様

結婚式がおひらきになる頃には、雨はすっかり上がり、窓から差し込む光が美しい線を描いていました。ゲストのお見送りを終えたカナさんは私を見つけると、「すごく楽しかったです！」と満面の笑みを見せてくれました。来館されたときよりも何倍もすてきな笑顔をされていたことがうれしく、私たちスタッフにも幸せが伝播していくのを感じました。

思えば打ち合わせを進めていくなかで、私の経験が浅いためにできないことや分からないことが多く、そんな自分にいつも歯痒さを感じていました。だからこそ、できないことを補えるくらい、ヒロノリさんとカナさんのために何かをしたいという想いが膨らんでいったのです。

イレギュラーなことが重なり、振り返ると反省点もいっぱいです。雨が降る可能性があることをもっと早く考えていたら、入場の仕方やお兄さまとの対面は別の案も出せたかもしれません。やはり結婚式は事前準備がなにより重要です。ウェディングプランナー2年目となった今、先輩方のように、どんなイレギュラーにも柔軟に対応し、先を見越した提案ができるように勉強中の毎日です。

ヒロノリさんとカナさんをお見送りしたあと、会場の片付けを終えて事務所に戻ると、思いがけないサプライズが待っていました。先輩プランナーがケーキを運んできたのを合図に、他のプランナーやプロデューサー、ドレスコーディネーターが「渡邉ちゃん、プランナーデビューおめでとう！」と拍手を贈ってくれたのです。この日は打ち合わせや見学案内、衣裳合わせなど、皆さんそれぞれに多忙な一日だったと記憶しています。にもかかわらず、代わる代わる会場にやって来て、「大丈夫？　問題ない？」と皆さんが気に掛けてくれたのです。前日に雨予報を知ってから不安だらけだった私は、皆さんの言葉にどれだけ救われたか分かりません。デビュー当日のこのサプライズは、いつまでも心に刻んでおきたい思い出です。

カップルの数だけ結婚式があるといわれるように、一組一組違うお客さまであり、同じ結婚式はどこにもありません。だからこそ新しい人生をともに歩み始めるお二人との出会いを毎回大切にしながら、お客さまからもたくさんのことを学び、それをプランナースキルとして身につけていけたらと思うのです。

本当に長くて濃い一日でした。ウェディングの神様がいるとしたら、私にプランナーの資格があるかどうかを試したのかもしれません。目指すは、結婚式後に「渡邉さんで良かった」と言ってもらえるプランナーです。これからもお客さまに寄り添う努力を惜しまず、たくさんのカップルの幸せのお手伝いをしていきたいと思います。

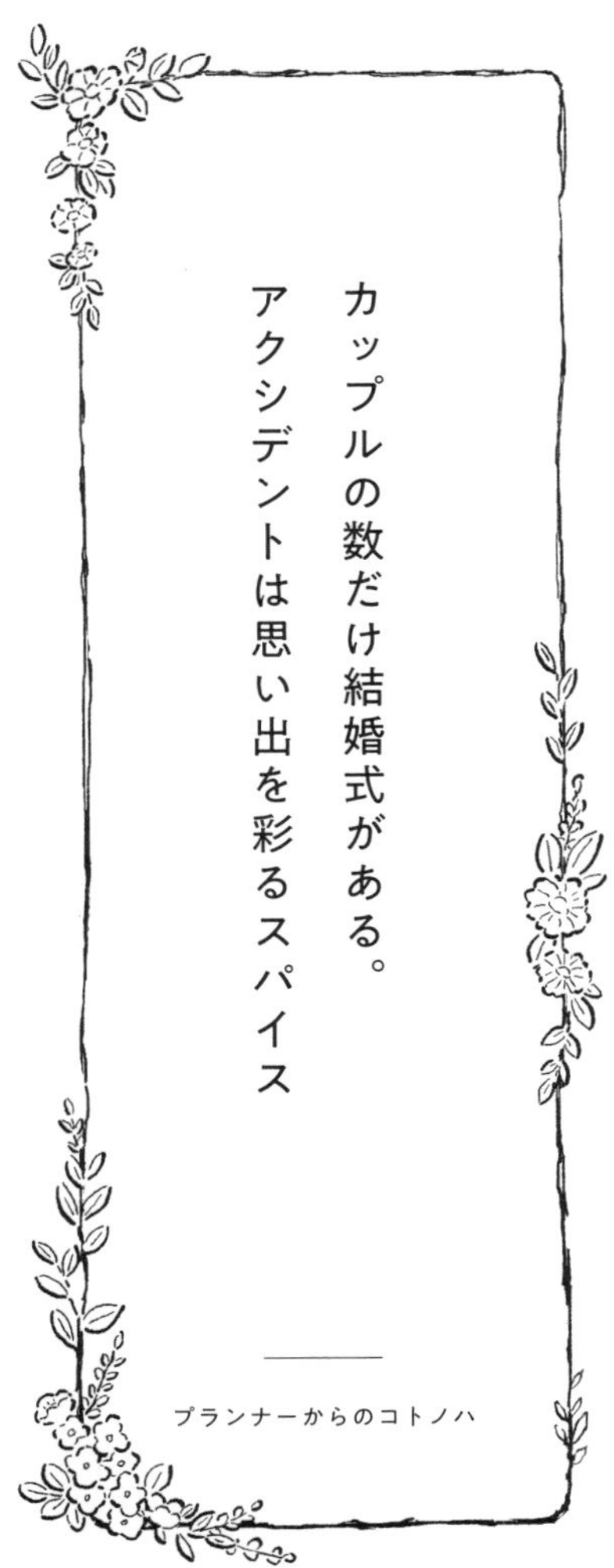

カップルの数だけ結婚式がある。
アクシデントは思い出を彩るスパイス

プランナーからのコトノハ

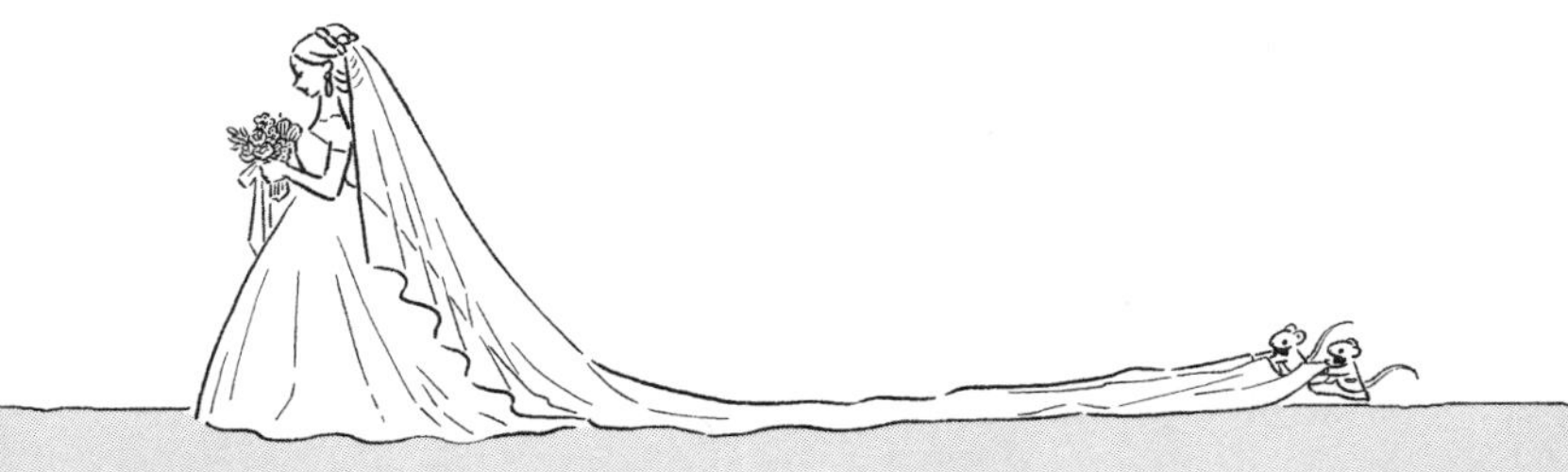

Story 8

1時間半遅れで始まったウェディングパーティー

ウェディングプランナー》礎奈那

介添からのSOS

「礎さん大変です！　チヒロさんの体調が非常に悪そうです！」

披露宴会場にいた私のインカムにその報告が飛び込んできたのは15時少し前のことでした。慌てた声の主は介添を務めるサービススタッフの中村です。チャペル挙式の前に親族の集合写真を撮影するのですが、本日の主役の一人であるチヒロさんの体調が芳しくないと言うのです。

介添は周囲に気配りができるスタッフが任されます。なかでも中村は若いながらよく気がつき、これまでも体調が優れないカップルや妊婦さんを担当した経験がありました。そうした背景もあり、普段は礼儀正しい彼女がどれだけ焦っているか、最初の一言で感じ取りました。

そのとき私は16時30分に開始予定の披露宴に向け、お二人の希望どおりに装花が入っているか、司会者や音響スタッフが会場入りしているかといった最終チェックをしているところでした。

「分かりました、すぐそちらへ行きますね」

動揺する中村を落ちつかせようと、あえて冷静な声でインカムから返事を入れ、急いでチャペルへと向かいました。

ケントさんは30代後半、チヒロさんは30代前半のカップルです。穏やかで優しいケントさんと天真爛漫で明るく素直なチヒロさんは息もぴったりで、結婚式の演出についてはチヒロさんの「やりたい」をケントさんが尊重する仲睦まじいお二人です。

結婚式前日、荷物の搬入も兼ねて最終確認でご来館されたとき、「実は私たち二人とも低血糖で、気持ち悪くなりやすいんですよね」と、聞かされたばかりでした。低血糖を起こすと血糖値を上げようとして交感神経が活発になり、アドレナリンなどのホルモンが大量に分泌されます。そのため吐き気や不快感、発汗、動悸(どうき)、震えなどの症状が現れるそうです。

過去にチヒロさんは成人式で振袖を着た際に帯の締めつけで貧血になり、吐き気がして大変だったという経験から、とても不安がられていたのです。その対策としてお二人は普段からラムネを常備しているそうで、ケントさんからお二人のお席に置いておきたいとのご相談を受けました。

「もちろん大丈夫ですよ。私も披露宴会場内にいますので、念のため持っておきますね。身の回りのサポートをする介添にも共有しておきますからご安心ください」

昨日のやりとりを思い返し、私はジャケットの右ポケットに手を当てました。ちゃんとラムネが入っていることを確認しながら披露宴会場を出ると、受付の華やいだデコレーションが目に飛び込んできました。つい数時間前、お二人で相談しながら楽しそうに飾り付けていたものです。

——朝イチであいさつしたとき、お二人とも顔色良かったよね。体調も「大丈夫！元気です！」ってチヒロさん言っていたし……。お二人とも昨夜はよく眠れたと言っていたし、軽食も口にされていたみたいだし……。

お二人の朝からの様子を頭のなかで思い返しながら、私はラウンジに立ち寄って水のペットボトルを1本手に取ると、チャペルへと急ぎました。

試される愛の瞬間（とき）

駆けつけたとき、チヒロさんはケントさんに寄り添うようにして列席者用の長椅子に腰掛けていました。ちょうどヘアメイクスタイリストがウェディングドレスの背面の編み上げを緩め、中村はメイクが崩れないよう冷や汗をパフで押さえていました。一方でチャペルには次々と親族も入ってきており、スタッフに誘導されてひな壇へと並び始めているところでした。

「チヒロさん、大丈夫ですか？」

私は普段と変わらない口調で声を掛け、ラムネとペットボトルを渡しました。苦しげではあるもののほほえみを浮かべたチヒロさんの表情には、すぐに体調が回復するかもしれないという前向きな気持ちが垣間見えました。

「ありがとうございます。なんとか集合写真だけでも終わらせちゃいます」

「ご無理のないように頑張りましょう」

そう声を掛けるとチヒロさんは立ち上がり、ケントさんに支えられるようにしてなんとかひな壇の中央に収まりました。しかしカメラマンがシャッターをきった途端、ふらっと揺れて隣のお父さまにもたれかかってしまいました。

お二人を速やかに控室へと案内すると、ソファで休まれているチヒロさんに再度体調を尋ね、「このまま挙式まで進められそうですか？」と続けました。

「大丈夫です」

「ではご親族以外のゲストの方々もチャペルにご案内しますね。お二人のご入場まではあと20分ほどありますので、ゆっくり休まれてくださいね」

「……それくらいまでには回復すると思います」

力ない声でしたがチヒロさんが答えてくれたのを機に、親族を含むお二人のゲスト全60名がチャペルに通されたのです。

「そろそろスタンバイですが体調いかがですか？」

開始5分前に控室を訪れると、ヘアメイクスタイリストのほかにチヒロさんのご両親も付き添い、ただならぬ雰囲気が漂っていました。チヒロさんはめまいの症状も出ていて、回復するどころか悪化していたのです。

お母さまが低血糖症用の常備薬を飲ませてくれたことで気分的には落ちついたようでしたが、今から挙式を始められないのは一目瞭然でした。

――私が「挙式まで20分」とリミットを伝えてしまったばかりに、回復しなければと焦らせてしまったのが良くなかったかもしれない……。

心のなかで反省していると、ぐったりとしたチヒロさんが目をつむったままつぶやきました。

「10分、時間をください」

「分かりました。ではスタッフたちにそう伝えてきます」

正直なところ、10分くらいでは回復すると思えませんでしたが、チヒロさんの気持ちに負担になるようなことはいっさい言わず努めて明るくそう伝えたのです。

夢のチャペルは遠く

ふと腕時計に目をやると、15時28分になるところでした。

――あ！　調理を止めてもらわなきゃ！

挙式の開始予定だった15時30分は、キッチンでは料理の準備が始まる時刻です。式場の披露宴で提供している料理は旬の食材を活かしたこだわりのコースです。だからこそ、最高の状態でゲストに料理を楽しんでもらえるように、キッチンとの連携は欠かせません。挙式を終え、ゲストが披露宴会場に到着するタイミングに合わせて一品目となる前菜がテーブルに並べられるため、それを止めなければなりません。

チヒロさんからいただいた10分という時間を使い、私はキッチンをはじめ全スタッフにお二人の状況を共有しました。控室は中村とヘアメイクスタイリストに任せて披露宴会場へと戻り、隣接するキッチンへ駆け込むとまさに料理長が前菜を盛りつけるところでした。

「ちょっと待ってください！　実はチヒロさんの体調不良で開始時間が遅れそうなんです。今、お料理を止めたら問題ありますか⁉」

勢いよく飛び込んできたと同時にキッチンの入口で叫んでいる私に、料理長は驚いて菜箸を落としそうになりながらも温かい言葉を返してくれました。

「大丈夫、問題ないよ。言われた時間に合わせてしっかり準備するから、主役の回復を待てばいいよ」

ホッと胸をなでおろして披露宴会場をのぞくと、ちょうど司会者がお二人の資料を読み込んでいるところでした。いつもプランナーの意見や想いを誰よりも汲み取ってくれるベテランの司会者だったこともあり、ふと名案を思いつきました。

——今、チャペルではゲストの皆さんがお二人の登場を楽しみに待ちわびている。ここは司会者さんに場をつないでもらえないかな。披露宴での乾杯準備の間に読み上げてもらう予定のお二人のプロフィール紹介を、ここで話してもらおう。

そう考えるのが早いか、私は司会者に状況を説明しました。すると「10分くらいならつなぐことができるわ、任せて！」と、なんとも頼もしい言葉が返ってきました。

「ありがとうございます！　助かります！」と言って、司会者の手を取り、急いでチャペルへと走りました。

司会者は「チャペルに入ることってめったにないからうれしい」と言いながらも、司式台につくとキリッとした表情に変わり、まるでそれが進行どおりだったかのように語り始めたのです。

「皆さまお待たせしております。お二人のご登場の前にプロフィールをご紹介させていただきます」

チャペルの大きな窓の向こうには太宰府の霊峰である宝満山がそびえ立っています。そうした眺望の紹介も加えることで、場をつないでくれました。

時計の針は15時40分を指していました。

チャペルのゲストを司会者に託すと私は控室に戻りました。チヒロさんはいまだ回復の兆しは見えませんでしたが、それでも私の顔を見ると「大丈夫」「もうちょっとしたら回復する」と言うのです。

チヒロさんの頭には「中止」という選択肢はないことがひしひしと感じられたので、私はケントさんに控室から出てきてもらい「このままゲストの皆さまをお待たせするより、正直に状況をお話ししてみてはいかがでしょう？」とお伝えしました。ゲストは何も知らされないまま待たされ続けるより、事情を理解して待つほうが心持ちも変わってくると考えたからです。

「皆さんに話していいものかどうか……。自分が具合が悪いことをチヒロが知られたくないかもしれないし、彼女の意向を無視するわけにはいきません」

ケントさんは、チヒロさんがこの結婚式に懸けてきた想いをいちばん理解しているだけに決断しかねていました。とはいえ、ゲストは今も何も知らずに登場を待ってくれています。

「ではチヒロさんと一緒に相談しましょう。ですが、私が伝えるとチヒロさんをまた焦らせてしまうかもしれません。ケントさんからお話しいただけますか？」

ケントさんは、控室のソファに横になったチヒロさんの隣にしゃがみこんで優しく話し掛けました。

「皆さんをお待たせしているから、正直に今の状況を司会者の方に話してもらおうと思うんだ。いいかな？　皆さんにはラウンジで待ってもらって、その間にチヒロも徐々に体調を戻していこうか？　大丈夫だよね？」

「そのほうがいいかもしれない。お待たせしているのに、何も説明しないのは良くないと思う」

目を閉じたままで「うん、うん」とうなずいていたチヒロさんでしたが、最後には苦しい表情ながらもそう答えてくれました。

披露宴に願いを込めて

「挙式前より、チヒロさまが体調を崩されております。ただいま回復に向かっております。ゲストの皆さまにおかれましては、お待たせしており申し訳ございません。披露宴会場前のラウンジにて、ドリンクをご用意いたしました。スタッフがご案内いたしますので、どうぞラウンジにてしばしご歓談をお楽しみください」

15時45分に司会者からアナウンスを入れ、16時には全ゲストのラウンジへの移動が完了しました。私はこれからどのような流れで進行するかを決めるべく、インカムで責任者クラスのスタッフを控室前に招集しました。

同時にチヒロさんとケントさんにはお二人だけで過ごしてもらおうと、付き添っていたヘアメイクスタイリストにも外れてもらうことにしました。きっとチヒロさんにとって、良い気分転換にもなるはずですし、緊張もほぐれて落ちつくかもしれないと考えたのです。


15時50分、控室前には挙式スタッフ、会場キャプテン、サービススタッフ責任者、そして中村が集まりました。

「お二人は挙式も披露宴も諦めたくないと話されています。そんなお二人の想いを尊重したいですが、チャペルやキッチン、サービススタッフ、皆さんのご都合もあります。正直スタートが何時になるかは分かりません。皆さんご意見聞かせてください！

私、混乱していて……」

ここまでなんとか切り盛りしてきましたが、今までのプランナー人生のなかでこうした経験は一度もありません。流れに身を任せるわけにもいかず、逐一判断が求められる状況のなかで混乱以外に私の感情を表す言葉は見つかりませんでした。

「牧師さまが次の会場へ行かないといけません」

挙式スタッフが口火をきりました。牧師さまが不在では挙式ができないので、ほかの牧師さまを手配できるか確認してもらうようお願いしました。

「いくら時間が押しても自分たちはバッチリ準備できているから大丈夫！　進行が変わっても対応できるから、体調次第でするか、しないかをその場で決めよう」

そう言ってくれたのはサービススタッフ責任者です。実はケントさんとチヒロさんにとって、この結婚式はお二人の集大成という位置づけで、これまでのお披露目がテーマでもあったのです。お二人が挙式披露宴を諦めないということは、つまり演出も予定どおり行いたいはずです。それだけに、サービススタッフ責任者の申し出がたいへん心強く感じました。

「牧師さまの手配ができました！」

挙式スタッフからの朗報です。その牧師さまは久留米の式場で挙式を終え、その足でこちらへ向かってくれているとのことでした。久留米から太宰府までは急げば車で45分ほどです。このとき、16時10分。牧師さまが到着する17時をメドに再開する流れが決まっていきました。

「チャペルの祭壇までは階段ですので、チヒロさんが上がられるのは難しいかもしれませんね。私たちは牧師さまさえいればどこでも式は執り行えますから、例えば披露宴会場でお二人が座ったままでも問題ないですよ」

牧師さまの手配をしてくれた挙式スタッフの提案に、「それいいかも！」と私は思わず声を上げました。立てなかったチヒロさんも座ったままなら安心です。しかしお二人にはチャペルで挙式したいという強い想いもあります。その想いを大事にしてチャペルでするのか、体調を優先して披露宴会場にするのか、それはお二人が決めることで、勝手に式場側が決めることはできません。私はその提案をもって、ブライズルームへと向かいました。

チヒロさんはかなり回復してきていたようでした。ケントさんとお二人だけで過ごされたことが功を奏したのでしょう。まだ歩くことはできないようでしたが、頬には血色が戻ってきています。元気を取り戻しつつあるお二人を見て安堵しつつ、今後を決めるご提案を伝えました。

「チヒロさんはまだ立ったままで過ごされるのは難しいと思うんです。なので挙式も披露宴も座って行うのはいかがでしょうか？　披露宴会場で演出の進行前に式を執り行うんです。ゲストの皆さまには料理を召し上がっていただきながら、挙式も披露宴も進めるのはどうかなと。披露宴はもともと16時30分開始ですから、ちょうど良いかもしれません」

あまりにも皆さんを待たせ過ぎたとの思いがあったのでしょう。

「挙式も披露宴もできるのならそれでお願いします」

「礎さんはプロだから、そのご判断にお任せします！」

中止するという選択肢はなかったものの、お二人とも不安だったのかもしれません。

ケントさん、チヒロさんともにご快諾くださったことで、停滞していた流れが一気に動き始めたのです。

ありがとうの輪とともに

新たに集合を掛けたスタッフたちは、控室の前で待機し、私の指示を待っています。「挙式を披露宴の前に行います！　場所は披露宴会場です！」

私が確定事項を伝えると、「じゃあゲストを披露宴会場にご案内しますね」と会場の責任者であるキャプテンが言い、「すぐ料理出すから！」と料理長はキッチンへ戻っていきました。サービススタッフやキッチンスタッフも料理の準備のため、それぞれのもち場へとつきました。

時刻は16時30分、挙式スタッフは「牧師さまの到着前に急げ」と言いながら、チャペルから司式台を披露宴会場へと運び入れてきます。挙式の入場の際はオルガン奏者が生演奏を行うのですが、さすがにオルガンは重くて運べません。オルガン奏者の方にお願いし、披露宴会場に置かれたグランドピアノで対応してもらうことになりました。

お二人を思いやる気持ちはゲストからも溢れていました。開始時間が遅れても誰一人として不満を言うことも「まだですか?」と聞くことさえもなかったのです。むしろ通りかかるスタッフに、「チヒロさん大丈夫ですか?」「回復していますか?」と心配してくださる方ばかりです。サービススタッフは「もう少しお時間をいただいたらおそらく回復すると思います」と統一して答えていましたが、そう伝えるたびに誰もが、「良かった。いつまでも待つから焦らなくても大丈夫です」と言ってくださったそうです。ゲスト全員が気長に待ってくださり、これもケントさんとチヒロさんの人柄によるものだと感じました。

16時50分、牧師さまが到着しました。彼は久留米にあるグループ式場専属のアメリカ人の牧師さまで、こちらの式場は初訪問です。

「急なお願いで、しかも披露宴会場でのお式で申し訳ありません！」

謝る私に、「全然大丈夫、できるヨ任せて！」と陽気に対応してくれました。

17時の開始目前、急遽両家のご両親4人とケントさんが入口でゲストをお出迎えすることになりました。チヒロさんが倒れてからそばを離れることがなかったケントさんも、「長らくお待たせしてすみません」と、一人ひとりのゲストに心を込めてごあいさつをされています。

こうして17時ちょうどに挙式披露宴が始まりました。15時30分が当初の開宴予定でしたから、1時間半遅れでのスタートです。

お二人が座るメイン席にはすっかり回復し、ヘアメイクを整え直して満面の笑顔で座るチヒロさんの姿があります。挙式もヘアスタイルチェンジもメイン席に座ったまま行い、ゲストは料理を食べながらの挙式と、異例づくしでしたが会場は終始和やかな空気に包まれていました。

盛り上がったのは、ケントさんによるアコースティックギターを伴奏に、チヒロさんが歌い上げた絢香さんの「ありがとうの輪」です。

いつも　照れくさくて言えない気持ち
この歌にのせて

ありがとう　ありがとう
ちゃんと伝わるかな?
その笑顔が勇気になる
ありがとう　ありがとう
この言葉ひとつで
光がつながっていくよ

何度も音合わせを兼ねて練習で歌われていましたが、本番がいちばんすてきでした。

また進行に関してはチヒロさんの体調次第であらゆる想定をし、いくつものパターンを考えていました。もし牧師さまが到着したタイミングでまだチヒロさんが復調していなかったなら、最悪の場合、挙式は諦めてもらおうとも考えていたのです。結果的にその最悪のパターンは実行されることなく、ほぼ予定どおりに進行できたのは全スタッフの協力があったからこそだと思います。そうして無事おひらきを迎えた頃、時計の針は20時ちょうどを指していました。

ケントさんとチヒロさんをお見送りしてから一息つくと、お二人のために奔走した今日が走馬灯のように思い出されました。淡々と指示を出しているように見えていたかもしれませんが、内心では最後まで無事に終わるだろうかという不安でいっぱいだったのです。

入社当時から私を指導してくれた先輩プランナーも心配だったのでしょう。気がつけばそばにいてくれて、私が迷った局面だけそっとアドバイスをしてくれ、そのおかげで私も思いきった判断をすることができました。

スタッフの誰もが「NO」を言わず、自分にできることを全力で取り組んだからこそ、この結婚式は成し遂げられたと思うのです。ケントさんとチヒロさんのウェディングを通して、改めてプランナー一人だけではとても無力な存在であることを思い知りました。結婚式はウェディングプランナーが花形だと思われがちですが、結婚式はチームワークで成り立っています。このチームだからこそ、できないことなどないと改めて実感した一日でした。

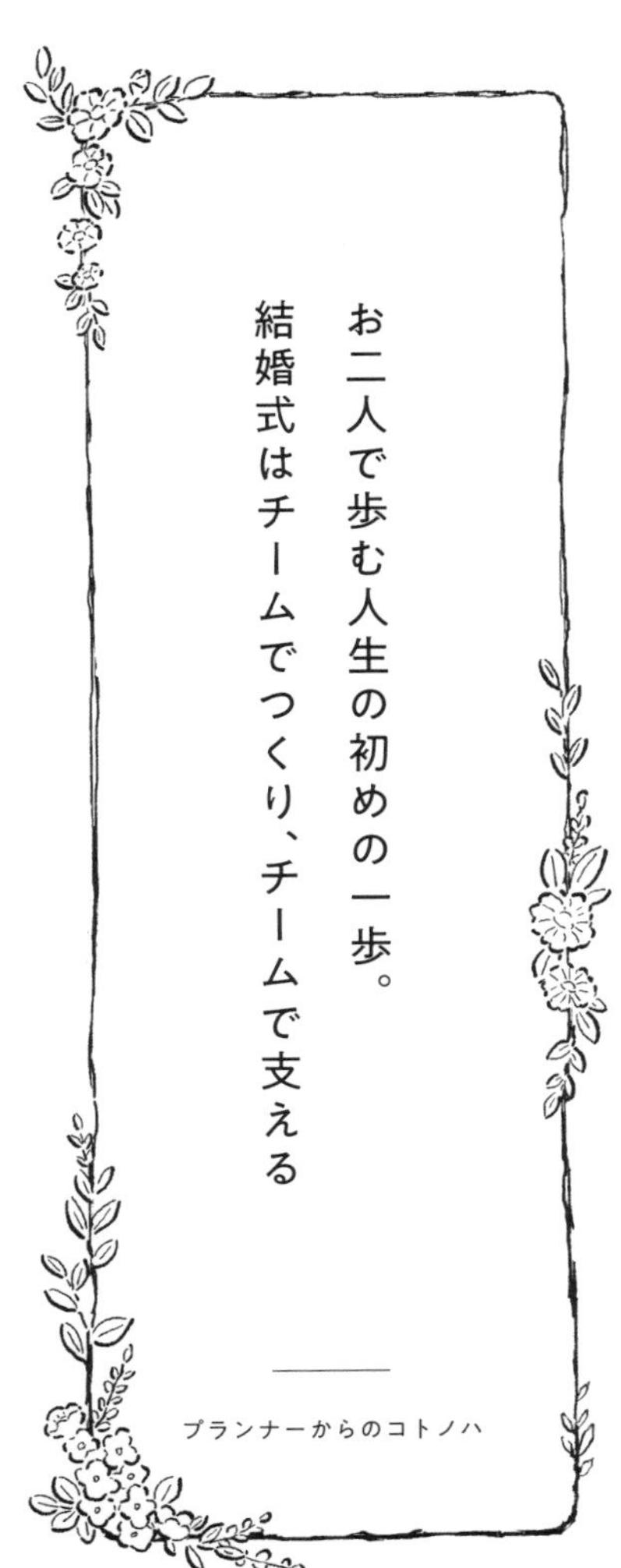

お二人で歩む人生の初めの一歩。
結婚式はチームでつくり、チームで支える

プランナーからのコトノハ

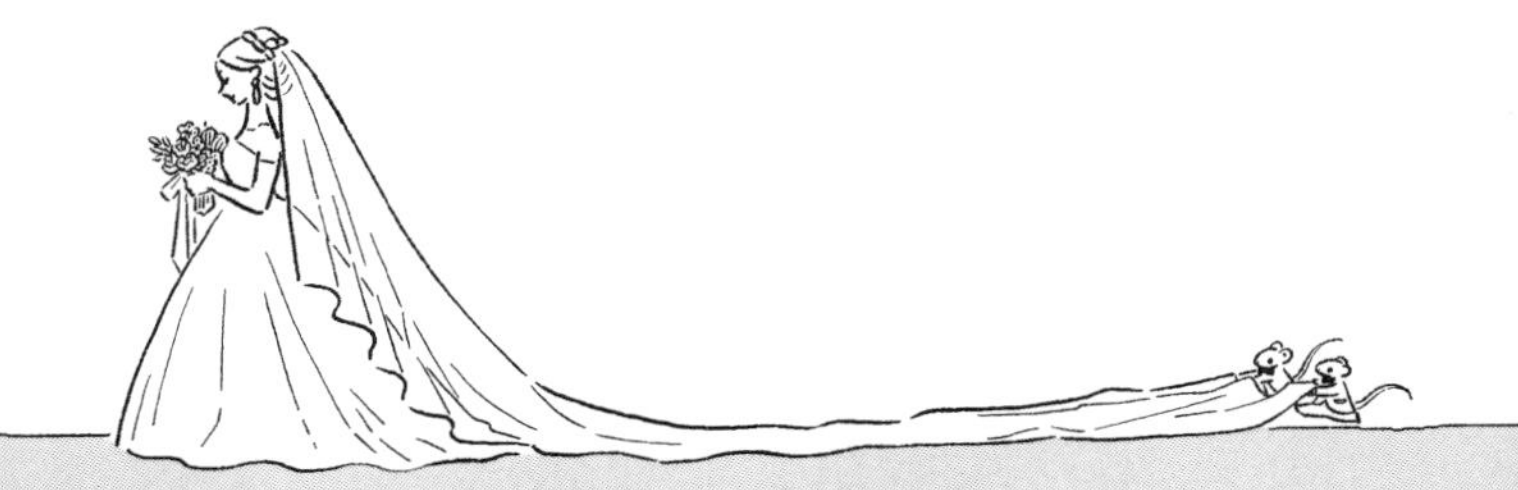

Story

9

天国の母へ贈る結婚式

ウェディングプランナー》岡村澪

結婚式をする理由

「どうして結婚式をされるんですか？」

ご無礼だと思いつつ、打ち合わせの際に私は必ずこう尋ねるようにしています。結婚式を挙げないカップルも増えていますが、挙げるカップルも挙げないカップルも、その理由を聞かれると明確な答えが出てこないことが多いのです。せっかく行うのであれば、なんとなくではなく結婚式の準備から結婚式後のその先まで大切にしてほしいと思っているのでつい皆さんに聞いてしまうのです。

ユズルさんとシホさんにも私はもちろん尋ねました。

お二人はともに20代後半で、シホさんが2歳年上です。シホさんはバリバリと働かれているいわゆるキャリアウーマンで、ユズルさんはシャイでどちらかというと口数は少ない印象がありました。お二人そろってユーモアがあり、いかにも気の合うカップルといった雰囲気です。バンドのライブに出掛けるのが共通の趣味で、ライブ会場のような結婚式をしたいというご要望がありました。演出プランもお二人の間でしっかり固まっていて、初めての打ち合わせとは思えないほど、お二人と打ち解け合うまでに時間を要しませんでした。そこで思いきって結婚式をする理由を尋ねたのです。

すると、核心を突かれたかのように一瞬空気が止まりました。つい先ほどまでの和やかな雰囲気が少しだけ重たく変わっていくのを感じます。

「ユズル、自分で話しなよ」と、シホさんに促され、ユズルさんは深呼吸をするとこう言いました。

「母さんが病気で……末期がんなんです。余命宣告もされているんですけど、なんとか頑張って生きていてくれていて。でも、まぁ……、ね……」

「できる限り早く結婚式して、お義母さんに二人の晴れ姿を見せたいんだよね」

あまり話したがらない様子のユズルさんを見かねたのか、黙って耳を傾けていたシホさんが助け舟を出します。

返ってきたのは思いもしなかった答えで、私は返す言葉を失いました。私の母もがんを患い、長く治療していた時期がありました。幸い母は今も生きていますが、ユズルさんの気持ちは痛いほど分かります。

「うちの母もがんで闘病していたんです。お母さまがご病気だと、家族はつらいですよね……」

普段ならお客さまには打ち明けることのない話です。

母のために、二人きりの結婚式

シホ▼岡村

お義母さんの容体が悪くなってしまい、5月の挙式を延期せざるを得ない状況となりました。明日の打ち合わせでご相談させてください。取り急ぎ。

結婚式まで1カ月をきったある日、シホさんからチャットが届きました。コロナ禍ということもあり、延期は珍しいことではありませんでした。ユズルさんのお母さまの容体も心配ですが、このまま延期にしてしまっていいのかなという想いが私は頭から離れませんでした。

２０２1年5月の結婚式に向け、年明けから少しずつ、お二人と打ち合わせを進めてきました。コロナ禍ではありましたが、最初はお母さまには参列してもらう方向で話をしたのです。ところがその後入院することになり、病院からは出られないとのご報告がありました。打ち合わせを重ねるたびにお母さまの病状が刻一刻と進行していることを感じていたある日、シホさんからチャットが入ったのです。

翌日、お二人の口から5月の挙式予定日にはもうお母さまの出席は叶いそうにもないことを聞かされた私は、いてもいられず、秘かに考えていたことをお二人に提案させていただいたのです。

「お二人だけで挙式をされませんか？　披露宴は延期するとして、お母さまに見ていただけるうちに挙式だけしましょう」

するとうつむいていたユズルさんは驚いて顔を上げ、シホさんは目を丸くして私を見つめ、「そんなことができるんですか？」と聞き返してくれたのです。

打ち合わせのたびにお母さまの病状をうかがうなかで、どのようにしてお母さまに参加してもらうか、いつも３人で考えてきました。車椅子で挙式だけでも参列してもらう案が出たこともあります。それが無理と分かってからはお二人がタキシードとウェディングドレス姿で病室へ顔を出す案やオンラインで病室とチャペルをつなぐ案、オンタイムが無理ならば動画を撮影して後日見てもらおう、と話し合ってきました。

「そんなことができるんですか？」と尋ねられ、できないとは答えたくないのがプランナーです。「できます、やりましょう」と力強く答えると、すぐにスマートフォンでスケジュールをチェックしました。

「直近でお二人はいつ空いていますか？　１週間以内で準備しましょう」

お二人だけのプチ挙式を４月下旬、ゴールデンウィーク直前の木曜日と決めると、私はすぐに各責任者への電話確認を進めました。幸いチャペルは空いており、提案はすべてうまくいく気がしました。

「挙式スタッフをオファーするにはもう時間が足りませんが、音源はＣＤでカバーできます。牧師さまも不在ですが人前式で進めましょう。司会は私がやりますのでご安心ください」

私は次から次へと確認を取りながら、勢いに乗じてユズルさんとシホさんからの承認も得ていきます。ところが問い合わせていたドレスサロンから、５月の本番に着用予定のドレスはあいにくご用意できないと、折り返しの電話が入ったのです。

「……なんでもいいです」

ドレスサロンからの電話を聞いたシホさんが申し訳なさそうに言います。たとえゲストが不在でも、お二人にとってドレスがなんでもいいはずがありません。幸いにも、この式場にはドレスサロンを併設しています。ウェディングドレスとカラードレスを合わせて全店舗８００着を用意しており、シホさんに似合うドレスがきっと見つかるはずです。そこで私はお二人を館内のドレスサロンにお連れしました。専属のドレスコーディネーターは、「お客さまにピタリと似合う運命の一着を提案する」ことがポリシーで日頃からお客さまとの対話を大切にしており、ただドレスを選ぶのではなく、家族やゲストに伝えたい想いまで汲み取って提案をしてくれるのです。今回もお二人の事情をすぐに理解し、シホさんにぴったり似合うドレスを選んでくれました。

「よく似合ってる……」

ユズルさんの一言にシホさんの笑顔が戻りました。

「本当にお客さまに似合う、ゲストが必ず褒めてくれるお衣裳しかお勧めしておりません。さぁ、次はユズルさんもタキシードを決めましょう」

ただ、困ったことにヘアメイクスタイリストだけが各方面に問い合わせても見つかりません。すると、ドレスコーディネーターが申し出てくれたのです。

「ヘアメイクなら私できます。私で良ければやらせていただけませんか?」

「救いの神が現れた!」と、私は思わずシホさんの手を取って喜びました。

困ったとき、手を差し伸べてくれる仲間がいるのは本当に心強いことです。結婚式はチームで想いを込めないと成功しません。

間に合わなかった手紙

5日前の打ち合わせの際、私はお二人に一つだけお願いごとをしました。

「ユズルさん、お母さんにお手紙を書いてきてくださいね」

そしてあっという間にプチ挙式当日になりました。

「ユズルさん、シホさん、本日はおめでとうございます」

ラウンジでお二人を出迎えると、いつもどおりのハレの日のあいさつからこの日が始まりました。私はブライズルームまでお二人をご案内しながら、支度中にしておくべき段取り確認を兼ねて何気なく質問したのです。

「病院のほうはオンラインでライブ中継できそうですか？　それとも動画撮影のほうが良かったりしますか？」

ユズルさんが前日の母の体調で決めたいとお話をされていたので、そう尋ねたのです。しかし何もお答えにならないので、「では動画にしておきますか」とお聞きしましたが口ごもったままです。私はそこでユズルさんがいつも以上に口数が少ないことに気がついたのです。

ブライズルームに到着するとドレスもタキシードも掛けられ、鏡の前にはメイク用具がずらりと整列し、主役のお二人を待っています。シホさんはそれらをまぶしそうに眺めると、諭すような口調で「ユズル、ちゃんと言わなきゃ……」と声を掛けました。すると、ユズルさんは絞り出すように言ったのです。

「……実は昨日の夜、母は息を引き取りました」

堰をきったように、ユズルさんの両頬に涙が流れ落ちました。悲しみの感情に蓋をして、なんとかここまで来られたのだと思います。嗚咽するユズルさんの背中をシホさんがさすっていました。シホさんの目にも涙が光っていました。

私はあまりのことに呆然としてしまいました。しかし、悲しみに浸ってばかりはいられません。私はこの場の責任者としてお二人に尋ねました。

「……本日は取りやめにしますか？」

　すると、涙をこらえ、はっきりとユズルさんは言ったのです。

「やらせてください。どうしてもこれはやりたかったんです。だから来ました。直接母に見せることは叶わなかった。でも母のためにもやらなきゃいけないと思って」

　ユズルさんは何も言わずにプチ挙式を敢行することも、電話でキャンセルの連絡をすることもできたはずです。しかしどちらも選ばず、お二人はお母さまの死を伝えてくださったのです。私も自分の母のことを思い、言葉にならない感情が込み上げてきました。

「分かりました。ではさっそくお支度を始めましょう。ユズルさん、お母さまへのお手紙、今日この場で読みましょう。それで天国のお母さまへ届けましょう」

　少しでも時間が空くと涙が溢れそうで、私は一気にそう伝えました。

天に届け、誓いの言葉

「母への手紙は、どうしてもこの場で読まなきゃだめですか？」

少しためらいながらユズルさんは言いました。確かに手紙の中身は、お母さまとユズルさんだけのものです。お母さまにしか言えない想いもあるはずです。

「分かりました。でも誓いの言葉は読んでくださいね！」

準備が整い、あとはシホさんの登場を待つだけです。チャペルの重厚感あるドアの前をユズルさんは行ったり来たりしながら、「どうしよう……」と明らかに動揺されているようでした。

実の母親を失った翌日で深い悲しみもまだ受け止めきれていなかったことと思います。ご家族に送り出されてきたものの、親族が亡くなった直後に挙式をするなんて不謹慎ではないかとも考えたようです。心の整理をする間もなく、挙式直前に感情の置きどころがなく、不安に思うのも当然です。

張りつめた空気のなかで、私は私でいっそう気持ちが固まっていくのでした。

――お母さまのためにもこのプチ挙式は成し遂げてほしい。

その一心で、私はユズルさんを鼓舞しました。

「ユズルさん、始まります」

そして、シホさんに向かって両手で作った拳で「頑張ってください！」と合図して励まし、普段は牧師さまが立つ司式台へと向かいました。

ゲスト席には代わりにスタッフが参列してくれています。

ＣＤ音源ながらパイプオルガンの音が流れると、チャペルは一気に粛々とした雰囲気に包まれました。牧師さまの代わりに私が司式者として人前式にのっとり式を進行していきます。そして、お二人が互いに誓いの言葉を読み上げる時間となりました。

私、加藤シホは大塚ユズルさんを夫とし、
ユズルさんのお母さんのように優しくユズルさんを支え、
楽しく温かく笑いの絶えない家庭をこれからつくります。

真心を尽くし愛することを、ユズルさんのお母さんに向けて誓います。

私、大塚ユズルは加藤シホさんを妻とし、

けんかをしないとは言いませんが、シホさんを思いやり

お母さんたちに負けないくらい優しく温かい家庭をつくります。

お母さんに向けて誓います。母さん、見ていてね。安心してね。

ブライズルームで誓いの言葉を考えていたときは冗談も飛び出していたお二人も、改めて声に出して読み上げたことで想いが溢れ出したのだと思います。シホさんもユズルさんも大粒の涙がこぼれていました。お母さまに向けて誓ったお二人の言葉に、スタッフからは割れんばかりの拍手が起こり、お二人はフラワーシャワーを浴びながら、すてきな笑顔で退場されました。

大切な肉親を失った翌日に人生の伴侶と新しい一歩を踏み出すことは、並大抵のこ

とではありません。そばで寄り添ってくれているシホさんの隣に立ち、ユズルさんはプチ挙式を通して少しずつ気持ちに折り合いをつけていたのかもしれません。ブライズルームで着替えを終えたお二人の表情は、とてもスッキリとされていました。

「今から葬儀に行ってきます」

そう言ってブライズルームをあとにしたユズルさんは、なんだか腹が減ってきたとつぶやきました。私のほうを振り返り、「まだまだ長い一日になりそうです」とほほえむシホさんの横顔には、ようやく安堵の表情が見えた気がしました。

言葉のもつ力

その日遅くに、シホさんからチャットが届きました。

シホ ▼ 岡村

今日はありがとうございました。

プチ挙式、本当にご提案いただけて良かったです。
式場を出たあと、「やって良かった」とユズルが何度も言っていました。
まだ気持ち的に不安定な日が続くと思いますが、
お母さんに誓ったように、しっかり支えていきたいと思います。

岡村▼シホ

お二人とも急なことでバタバタされていたのに
今日はありがとうございました。
お二人のすてきな気持ちが私たちスタッフを動かした、そんな一日でした。
お母さまにはお別れを伝えることができたでしょうか。
きっとこれからもお二人を見守ってくれていると思います。

シホ▼岡村

あのあと、お義母さんとしっかりお別れすることができました。

ユズルもちゃんと気持ちを伝えられたと思います。
プチ挙式のことは振り返っても忘れ難く、記憶に残る一日となりそうです。
披露宴は来年の3月となりますが、また当日までよろしくお願いいたします。

プチ挙式から3週間後、本来ならばお二人が結婚式を挙げるはずだった日、ユズルさんとシホさんは式場の経営するレストランを訪れ、改めて私たちスタッフに感謝を伝えてくれました。

プランナーはお二人の想いをカタチにするのが仕事です。「やりましょう」と提案しただけでは意味がなく、お二人がやりたいと受け入れてもらえて初めて実現できるのです。あのとき、お二人のなかにはお母さまにどうにか晴れ姿を見せたい想いがあったはずです。そうした潜在的な想いを引き出し具現化するお手伝いができ、プランナー冥利に尽きる結婚式でした。

お二人の想いを汲み取りたくて提案しても、うまく伝わらずすれ違ってしまうこともたくさんあります。すてきなお二人だからと華やかな演出を提案しても、「もっとシンプルで大丈夫です」と言われることもあり、もどかしさを感じることもあります。

そんなことがあった日の夜は自分の提案はただのエゴだったのではないか、と考え込んでしまいます。しかし、断られたからこそ見えてきたお二人の姿から次のアイデアが広がることもあるので、エゴであってもお二人を想っているからこそ伝えてみる価値はあると思っています。


ユズルさんにお母さまへの手紙を書いてほしいとお願いしたときもそうでした。プチ挙式まで5日間しかないなかで、式場スタッフは準備に追われますが、お二人の手は空いてしまいます。そこで本番までの5日間で、改めてお母さまへ感謝の気持ちを伝える準備をしていただきたいと思ったのです。

ユズルさんのように普段から口数が少ない人に、挙式当日にその場で「感謝の気持ちをお話しください！」と伝えても、なかなか言葉は出てこないものです。特に結婚式のような普段とは異なる状況では、手紙を用意しておいたほうがしっかりと想いを伝えることができます。

人生の通過点

ユズルさんがあの場でお母さまへの手紙を読むことはありませんでしたが、誓いの言葉はシホさんとともに読み上げてくれました。あのとき流された涙は、自分の想いをつづったものだからこそ出てきた感情だと思います。大切な人を想う気持ちも、ただ心のなかで思っているだけでは相手に届きません。声に出して言葉にしたり、手紙に書いたりとカタチにすることで初めて伝わるのだと思います。

プチ挙式でお二人が誓いの言葉を読まれているとき、チャペルの1列目が空席でした。ただの偶然かもしれません。それでも私はその席にユズルさんのお母さまがおられたような気がするのです。ユズルさんは自身が誓いの言葉を読む番になると、しきりにその席に目をやっていたからです。そして「母さん、見ていてね。安心してね」という結びの言葉を言い終わると、ユズルさんは涙をこらえるように天を見上げました。

一部始終を司式台から眺めながら、お母さまはあのお席に座って挙式を見届けてから天国へ旅立っていかれたのではないかと思います。たとえ間に合わなくても伝えられる想いがあり、きっとお母さまにはお二人の想いが届いたと信じています。

どんな結婚式にも必ずドラマがあります。大切なのは、どのようにお二人の想いを盛り込むかということです。それさえできれば、スタンダードな進行でも十分にお二人らしさが際立ってくると思うのです。

だから私はこれからもカップルに「どうして結婚式をされるんですか？」と問い続けます。

結婚式は幸せで満ちたすてきな場です。自分たちがつくってきたものが月日を掛けてカタチになり、自分たちが主役となってゲストをもてなす経験は人生においてもわずかしかありません。それを終えたとき、お二人にすてきな想いが残ると信じて、お二人の今後の人生につながる結婚式をこれからもつくりたいと思います。

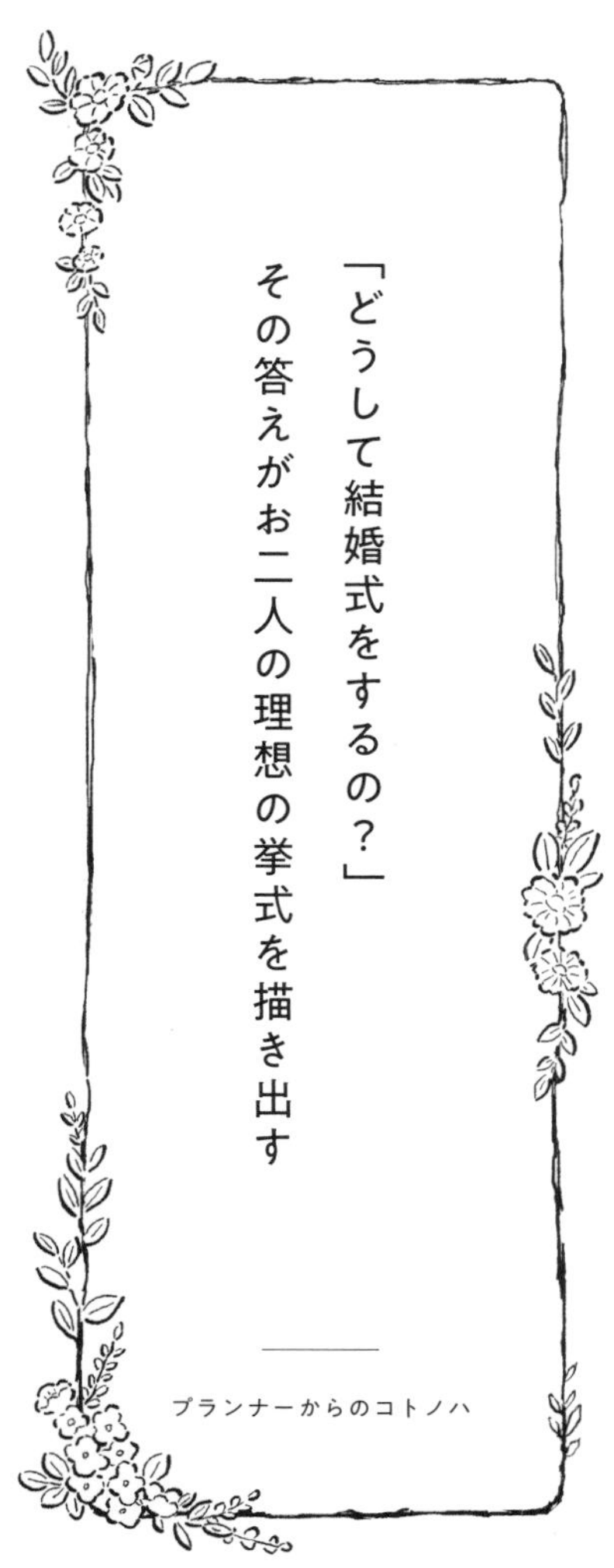

「どうして結婚式をするの？」
その答えがお二人の理想の挙式を描き出す

プランナーからのコトノハ

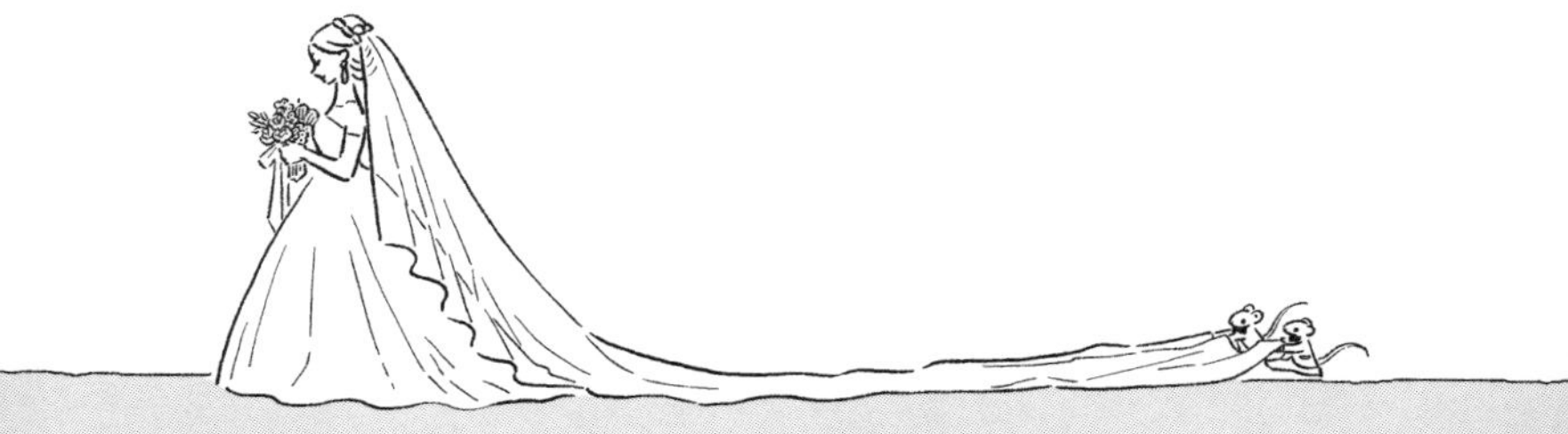

Story 10

想いを言葉にして伝える挙式

ウェディングプランナー 》 宮本季生子

特別な一日の始まり

従来当たり前に行えていたことができなくなったコロナ禍では、日常のあり方について考え直す機会が増えました。そして結婚式も当たり前にできなくなった時期がありました。マスクが欠かせなかった3年間、私たち式場スタッフはコロナ禍でも安心して結婚式ができる最善の方法を考えながら、改めてこれまで「できていたこと」と「できていなかったこと」も考えたのです。

結婚式を挙式と披露宴に分けて考えたとき、ウェディングプランナーはお二人の想いや軸にしたいことをしっかりとうかがって披露宴に反映してきました。だからこそお二人にもゲストにも、披露宴でのさまざまなシーンが印象に残ります。ところが挙式で印象に残るのは、チャペルの雰囲気やフラワーシャワーといった挙式後の演出ばかりでセレモニーそのものは印象に残りづらいのが現状です。

考えてみれば、挙式の所要時間は15〜20分で披露宴に比べたら短時間です。決まった流れに沿って行われる挙式も多く、既視感があり、どうしても印象が薄くなってしまう場合もあるのです。

実際、挙式の目的は結婚の誓いを交わすことにあり、宗教のしきたりにのっとって行う場合が大半です。教会で神に結婚を誓うキリスト教式・教会式、神社や神殿での神前式、仏教の教えに基づく仏前式、宗教にはかかわらない人前式があり、それぞれで形式は異なります。

挙式は結婚式という感動的な一日の始まりの部分なのに、印象が薄いのはとてももったいないことです。私たちは想いを言葉にし、カタチにすることをモットーとしながら、結婚式の始まりという肝心なところに想いが欠けていたと気づいたのです。

言葉を贈り合う結婚式

誓いの言葉にお二人の想いが乗せられるのではないか――

コロナ禍をきっかけに挙式そのものを見直すことになり、挙式をもっとお二人の想いを伝えるものにできないかと私たちは考えました。そもそも一般的な挙式のなかで主役のお二人がお互いの気持ちを伝えられていないということが念頭にあり、言葉を紡いで伝えることが重要だと思ったのです。そこでお二人が互いへの想いを文章につづり、その手紙を読み合ってはどうかというアイデアが飛び出し、それを軸に私たちは挙式を見直していきました。

今はメールやSNSなど、オンラインで気軽にメッセージのやりとりができる時代です。チャットを送り合うことはしても、手紙を書く機会はめっきり減ってしまいました。SNS上でのやりとりに慣れてしまうと、相手を想い文章をつづることは人によっては難しいことかもしれません。しかし手紙といっても大切なのは上手な文章や感動を誘うような文言ではありません。ただ、ありのままの想いを伝えることが、お二人がともに歩んでいくこの先の人生の糧になるのです。

「言葉を贈り合う挙式」というイメージはできても、ネーミングや具体的な方法にはなかなかたどり着かず、苦戦する日々は続きました。お二人がいざ挙式で手紙を読み合うとなった場合、どのタイミングで組み込むのか、参列するゲストにどう理解してもらうか、課題は山積みだったからです。

そこで、私たちは毎週末行っているミーティングで議論を重ねました。

「言葉を贈り合う新しい挙式を実現させたいと思っているんですが、クリアしないといけない課題が多いんです」

そのように話すと、あるスタッフが進言してくれました。

「その新しい挙式は今、この時代だからこそやるべきだと思います。だから、〝これならできる！〟など、できることを考えていったほうが良いと思います！」

その言葉は私たちの背中を押してくれました。これをきっかけに、新しい挙式の方向性を組み立てていきました。

新しい挙式にはネーミングが必要です。スタッフから募ったところ、言葉の力を借りて、想いを贈り合うシーンから連想した「コトノハオクリ」が挙がりました。お二人だけではなく、結婚式に携わるすべての人の想いを乗せて、気持ちを伝えることを表現したイメージにぴったりのネーミングです。満場一致で決定し、コトノハオクリという挙式のカタチにみんなのアイデアを詰め込んでいきました。

想いをつなぐ「コトノハ」の絆

コトノハオクリはこうして誕生しました。作法も決まりごともなく、お二人が想いを伝えたい人へ伝えることを大切にし、既成概念にとらわれず柔軟な発想で叶えるものです。

例えば、これから家族となって歩みを進めるお二人がそれぞれにコトノハを贈り合ったり、ご両親やごきょうだい、友人がお二人に向けた熱いエールとしてコトノハを贈ったりすることもできます。

相手を想って文字をつづる時間や、コトノハを贈るときに、込み上げてくるすべての感情がかけがえのないものであり、心に刻まれるはずです。お二人にとって、コトノハオクリがこれからの人生に勇気を授けてくれると信じています。

実際にコトノハオクリを行うにあたり、プランナーがどのような役割を担うかについても話し合いを重ねました。どう実践していくかは専任の挙式スタッフや責任者であるサービススタッフにも事前に相談しました。これまでプランナーが行っていた作業の一部をサービススタッフにも担ってもらうこととなり、スタッフ同士でシミュレーションも繰り返しました。

しかし本番を行ってみないことには物理的な進行だけでなく、どういった感動が生まれるかまでは分かりません。そこで結婚式を挙げる予定があった先輩プランナーに、コトノハオクリ第1号をお願いしたところ快諾いただき、挙式は２０２１年８月に決まり、私が担当することになりました。

Way of Being ～私たちのあり方～

先輩プランナーのカスミさんと、パートナーのユウタさんがお二人の結婚式のコンセプトにしたのは「Way of Being ～私たちのあり方～」でした。コロナ禍であっても結婚式はいつもどおりのお二人で、いつもどおりの時間と空間のなかで、皆さんも楽しんで過ごしてもらいたいというお二人の精いっぱいの想いを込めています。

結婚式当日、私だけはいつもどおりというわけにはいきません。実際にカップルを迎えて行う初めてのコトノハオクリで、想定していなかったトラブルやタイムスケジュールの遅延が発生すれば大変なことです。私は気が気ではありませんでした。

そして挙式は、担当プランナーからお二人へのはなむけとしてのコトノハを贈ることから始めます。これまでの挙式とは一味違うコトノハオクリを、ゲストも戸惑うことなく一緒に楽しめるように、今日までお二人がどんな想いでこの日を準備してきたか、どのようなコンセプトのもとでゲストに想いを伝えたいかを紹介しました。

皆さま、本日は誠におめでとうございます。
ここで本日お二人が行います挙式コトノハオクリについてご説明します。
言葉の力を信じ、想いを伝える挙式コトノハオクリ。
相手を想い文章につづる——
大切なのは美しい文章ではなく、
ありのままのカタチで想いを伝えることです。
一文字一文字に込められた想い、そして掛けた時間。
自らしたため、想いをつづった文章で、相手にもコトノハを贈る。
それはきっと、お二人にとって何度も見返す
価値のあるものになるでしょう。

ユウタさんとカスミさんのパーティーのコンセプトは

「Way of Being ～私たちのあり方～」です。
皆さまとの出会いに感謝し、いつもどおりの私たちで
かけがえのない時間を過ごしたい
そんなお二人のお気持ちとともに、
たくさんのおもてなしをご準備いたしました。
今日という時間を和やかに過ごしていただけたら幸いです。

コトノハオクリ

チャペル挙式であれば、牧師さまのもとでふうふの誓いを行う流れですが、コトノハオクリではこのあと、いよいよカップルが互いの想いを伝え合う大切な時間となります。お二人とも緊張しながらも、照れくさそうにしています。

ユウタさんからカスミさんへ贈るコトノハ
付き合って5年、いつも笑顔が絶えないカスミに

何度も、何度も勇気やパワーをもらってきました。
今日ようやくカスミとともに人生の一歩を踏み出すことができました。
これから一生かけて支えさせてください。
カスミがずっと笑顔でいられるように頑張ります。

カスミさんからユウタさんへ贈るコトノハ
大学であなたと出会い、最初はまさか結婚する相手だなんて
まったく思っていなかったけれど
今は一緒に年を重ねていく想像しかありません。
いつも優しく私を見守ってくれてありがとう。
優柔不断な私の買い物に黙って付き合ってくれてありがとう。
苦手な虫退治を頑張ってくれてありがとう。
全然違う性格だからこそ、お互いの足りないところを補い合って
いつまでもお互いを尊重し合える二人でいようね。

そしてどんなときも、並んで歩いていきましょう。
あなたに出会えて幸せです。
これからも末永くよろしくお願いします。

ゲストの誰もが今まで見たことのない挙式に驚いています。挙式中にお二人がそれぞれ相手への想いを言葉で伝えるのは新しく、参列者全員が涙を流していた姿も印象的で、ゲスト全員がお二人の愛に寄り添った瞬間となりました。

お二人にとってもコトノハオクリを通じて、これまで歩んできた道のりを振り返る時間となり、挙式という空間が、これからお二人で人生を歩むための原点になれたように思います。

実際にコトノハオクリを行ってみると、手紙を書くことが苦手な人にとっては重荷になったり、シャイな人には「恥ずかしいから遠慮したい」と言われたりすることもあります。結婚式は幸せに溢れた楽しい空間をつくり上げるものですから、もちろんお二人の気持ち次第でカスタマイズしていくものだと考えています。私たちプランナーは、教会式、仏前式、神前式、人前式に仲間入りしたコトノハオクリを新たな選択肢として、想いをカタチにして伝え合いたいカップルに提案しています。

今日までの日々に感謝を込めて

コトノハを通して、お二人が出会ってから、ふうふとなった今日までの日々の軌跡を噛み締めると同時に、たくさんの人に支えられてきたことにも感謝の気持ちを感じてもらえたらと思っています。また、参列しているゲストもご自身に置き換えて、大切な人との絆や愛を思い返す瞬間になればと考えています。今ある日々は当たり前ではなく、いつか必ず大切な人と会えなくなる日が訪れます。だからこそ、想いを伝えることができる「結婚式」という日に想いを伝え合ってほしいのです。

人生にはいろいろな荒波が訪れ、時には厳しい局面を迎えることもあります。もしもお二人が困難にぶつかったとき、言葉を伝え合った日を思い出してもらえたら、また新たな気持ちでお二人で手を携えて乗り越えていけると思うのです。手紙はカタチに残るものですから、つづられた想いごと大切にしてほしいと思います。

　私はコトノハオクリを経験し、プランナーも結婚式に対する想いを普段から言葉で伝えなければいけないと改めて実感しています。お二人の気持ちに寄り添い、お二人からたくさんの言葉を引き出し、お二人の想像を超えた提案ができる、そんなプランナーになれたらと思います。

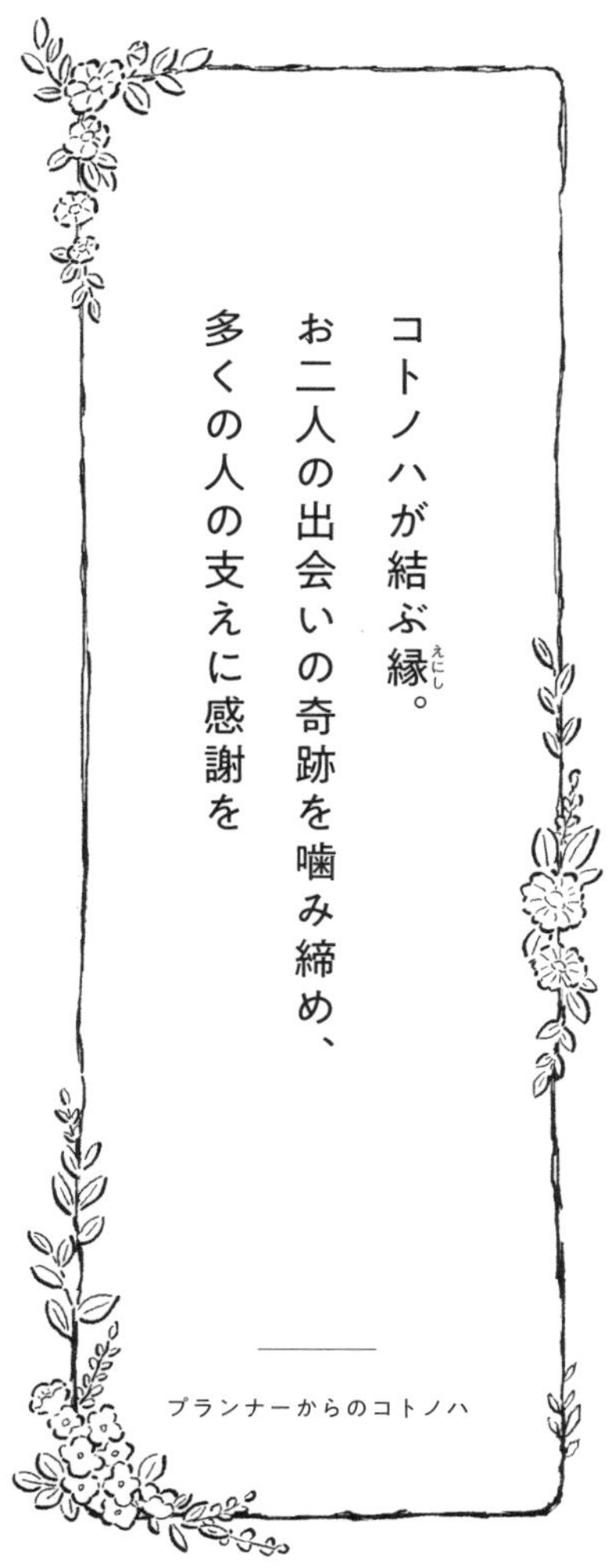

コトノハが結ぶ縁（えにし）。
お二人の出会いの奇跡を噛み締め、
多くの人の支えに感謝を

プランナーからのコトノハ

エピローグ

すべてのカップルに「予想を超える結婚式」を

お二人の想いをカタチにし、人生を豊かにするお手伝いをする、そんな考えのもとにウェディングプランナーが創ってきた十人十色の結婚式の物語でした。お二人に常に寄り添いながら、十人のプランナーたちの根底にあったのは「とにかくやってみよう」というチャレンジ精神です。アルカディアグループでは、カップルのお二人やゲストに喜んでほしいという一意専心で、日々結婚式づくりに取り組んでいます。

アルカディアは1989年にホテル運営会社として創業し、2002年から同業他社に先駆けて『邸宅ウェディング®』事業をスタートしました。現在、福岡と佐賀を拠点に5店舗のウェディング施設を運営しています。20年余の歳月のなかで、私たちは常に時代と人々のニーズに合ったウェディングを模索し提供してきました。そしてさまざまなカップルの新たな門出をお手伝いさせていただき、おかげさまでその総数は1万9000組を超えています。

振り返るとウェディングの様式は随分と様変わりしました。私がこの業界に携わり始めた1990年代の結婚式は、パッケージ化されているのが主流でした。ゴンドラで入場し、ケーキ入刀のあとはシャンパンタワー……そうした一連の流れに誰もが憧れましたが、今思えばその分、没個性だったかもしれません。その次にトレンドになったのはテーマパークウェディングでした。小さなお子さまからご年配の方まで、幅広い世代が楽しめて和気あいあいとできる時間を提供すべく、東京ディズニーリゾートをお手本に非日常的な世界観を創っていたのです。

やがてカップルたちは、人とは違う自分たちらしい結婚式を挙げたいというニーズに拍車が掛かっていきました。そんな個性を重視したオリジナルウェディングが浸透していくと、次にカップルが求めたのはゲストと一緒に楽しめるアットホームなウェディングでした。このニーズは２０００年代に登場したゲストハウススタイルの結婚式場と重なり、ハウスウェディングの一大ブームを牽引していったのです。

２０１０年頃から、カップルたちの意識は一緒に楽しむ方向から大切なゲストをおもてなしする結婚式へとシフトしていきました。それはサプライズ演出として表現され、よりぬくもりのあるものへと進化しています。

こうした結婚式の変化を私たちはウェディングの最前線でいつの時代も目の当たりにしながら、演出や見映えばかりにフォーカスされている結婚式のあり方に疑問を抱き始めていました。

結婚式の意義とは？　その価値とは？

改めて考え直していたとき、世界中で新型コロナウイルスが蔓延し始めました。それはアルカディアはもちろんのこと、ブライダル産業に大打撃を与えるものでした。しかし私たちにとって、このピンチが結婚式のあり方を再構築するための絶好のタイミングとなったのです。

なぜ結婚式をするのでしょうか？

私たちは原点から考えました。元来、結婚式は「家」が主催するものでした。主体はあくまでも親であり、両家がそれぞれの息子や娘をお披露目し、人脈を引き継ぐ趣旨がありました。しかし次第にそうした元来のスタイルはすっかり影を潜め、招待状の送り主の名も含めて主催者は親から子へと変わっています。では、今の時代に結婚式をする意義はなんなのでしょうか？

それは「自分のため」です。

当然ながら、社会は人と人とのコミュニケーションから成り立っています。カップルは親元を離れて独立し、初めて所帯をもちます。これからお世話になるであろうお互いの親族、会社関係、友人たちを招き、結婚を報告し、おもてなしをする場が結婚式です。そこに集まった大切な方々と自分たちの結婚式を分かち合うことで、5年後10年後、そうした方々にお世話になることがあるかもしれません。最終的に自分に還ってくるという意味で、結婚式は自分のためだといえるのです。

結婚式は想いを伝える場所です。数カ月の準備期間はこれまでの人生を振り返り、自分が一人で生きてきたわけではないことに気づく時間でもあります。両親や大切なゲストに想いを馳せ、機会がなければ恥ずかしくて伝えづらい想いを結婚式というステージで伝えるのです。

こうした想いから生まれた「コトノハウェディング」は、これまでの結婚式の本質を見つめ直し、アップデートしたオリジナルなものです。ファーストミート、招待状、ゲストへのあいさつなど、さまざまなシーンで想いを伝える演出を加えることによって、これまで以上に一体感のある結婚式になると、私たちは信じています。

かつては非日常の世界線で行われた結婚式ですが、今は日常の延長線上にあるものという感覚が現代にフィットします。結婚式は非日常ではなく、日常を再確認できるものだからです。

カップルには、お互いの誕生日のほかにもさまざまな記念日があると思います。そうした延長線上で、みんなが集まる最高の瞬間の一つが結婚式なのです。結婚後は周年記念があり、子どもが生まれれば初宮参りや七五三、入学式や卒業式も行われます。

また自分たちだけではなく両親の還暦や古希など、お二人を取り巻くコミュニティにたくさんの記念日が増えていくのです。

アルカディアでは、そうした人生の節目における感動の瞬間を通して、まずは地域へ感動と幸せの時をお届けしたいと考えています。５つ星ホテルのような、隅々まで行き届いたサービスはできないかもしれません。それでも若いスタッフたちは、未熟ながらも思いやりと想像力のもとで心地よい接客を心掛け、お二人の心の奥底に眠る想いをコトノハとして見つけ出したいとチーム一丸になっています。そうして引き出されたお二人の想いは、コトノハとなってゲストの方々に伝わり、感謝や祝福が溢れるひとときこそが真に求められている結婚式の本質だと思うのです。それが体現できたとき、「予想を超える結婚式」になると信じています。

すべてのカップルにそんな結婚式の本質を感じてもらうため、私たちはこれからもウェディングの魅力と価値を高めて「予想を超える結婚式」を福岡・佐賀から発信し続けたいと思います。

アルカディア代表取締役　大串　淳

〈著者紹介〉
大串 淳（おおぐし あつし）

1970年生まれ。1994年久留米大学法学部法律学科卒。在学中から飲食店の店舗立ち上げ、各種イベントプランニングを経験。大学卒業後、冠婚葬祭業の会社を経て2002年3月に株式会社アルカディア（旧株式会社ロイヤルパークホテル）に入社。ウェディング事業部のゲストハウス新規プロジェクトに立ち上げから参画。2009年にグループ統括のゼネラルマネージャーを経て2010年に常務取締役、2013年9月に同社代表取締役社長に就任。趣味は読書、登山、音楽。

本書についての
ご意見・ご感想はコチラ

コトノハ

二人の想いをカタチにする10のウェディングストーリー

2023年12月15日第1刷発行

著　者　大串 淳
発行人　久保田貴幸

発行元　株式会社 幻冬舎メディアコンサルティング
〒151-0051　東京都渋谷区千駄ヶ谷4-9-7
電話　03-5411-6440（編集）

発売元　株式会社 幻冬舎
〒151-0051　東京都渋谷区千駄ヶ谷4-9-7
電話　03-5411-6222（営業）

印刷・製本　中央精版印刷株式会社
装　丁　秋庭祐貴
カバー・本文イラスト　坂本奈緒

NexTone許諾番号　PB000054327

検印廃止

Printed in Japan
ISBN 978-4-344-94741-2 C0076
幻冬舎メディアコンサルティングＨＰ
https://www.gentosha-mc.com/